『AI 시대! 디지털 문화콘텐츠의 이해』

『AI Era : Understanding Digital Cultural Contents』

— 디지털 시대, 미디어·예술·기술의 융합을 탐구하다 —

— Exploring the Convergence of Media, Art, and Technology in the Digital Age —

AI 시대!
예술 영역에서 이제 더 이상
그려낼 수 없는 상상력은
없다. 다만 무엇을
왜 만드는가의 가치와
선택이 중요한 시대이다.

In the realm of art, there is
no longer imagination that
cannot be depicted.
Only the value and choice of
what and why to create are
important in this era.

Sang-Guk Lim

AI/Media Artist & Game VR Professor

프롤로그

디지털 문화콘텐츠의 시대 - AI시대, 가치와 선택의 패러다임

21세기, 우리는 디지털 문화콘텐츠가 인류가 '보고, 표현하고, 연결하는 방식'을 규정하는 시대에 살고 있습니다.

'콘텐츠(content)'라는 단어는 더 이상 매체 속에 담긴 단순한 정보가 아닙니다. 그것은 이제 예술, 기술, 사회가 융합되어 끊임없는 변화를 만들어내는 새로운 문화 생태계를 의미합니다.

인쇄기의 발명에서 인터넷의 등장, 그리고 메타버스의 탄생에 이르기까지 기술의 진보는 언제나 인간의 문화적 표현 영역을 확장시켜 왔습니다.

오늘날에는 초연결 시대를 지향하는 인공지능(AI)이 주도하는 창의성, 몰입형 미디어, 그리고 실시간 상호작용이 스토리텔링의 방식, 감정의 교류, 의미의 형성 방식을 완전히 바꾸어 놓고 있습니다.

이제 콘텐츠는 더 이상 결과물이 아니라, 사람과 기기, 그리고 데이터가 서로 연결되며 살아 숨 쉬는 '소통의 과정'이 되었습니다.

AI 시대의 특징은 가치의 깊이, 선택의 속도

AI 시대의 가장 큰 특징은 '가치'와 '선택'입니다.

AI는 인간의 사고와 감정의 영역으로까지 진입하며, 수많은 가능성을 눈앞에 펼쳐줍니다. 하지만 그만큼 우리가 어떤 가치를 추구하고, 수많은 정보 중에서 무엇을 선택하느냐가 더욱 중요해진 시대이기도 합니다. 즉 기술이 제시하는 수많은 자동화된 결과 중, '인간적인 가치를 선택' 하는 능력 그것이 바로 AI 시대의 진정한 문화적 리터러시입니다.

디지털 문화콘텐츠는 단순히 '소비되는 제품'이 아니라, 함께 만들어가는 언어입니다. 예술가, 디자이너, 이용자 모두가 하나의 창작 환경 속에서 협업하게 되면서, 전문 창작자와 일반 관객의 경계가 점점 사라지고 있습니다.

AI 도구, 가상현실(VR), 생성형 시스템(Generative Systems)을 통해 누구나 상상을 시각화하고, 경험을 시뮬레이션하며, 완전히 새로운 형태의 예술과 스토리를 만들어 낼 수 있게 되었습니다. 이제 예술 영역에서 더 이상 그려낼 수 없는 상상력은 없다고 봅니다. 다만 무엇을 왜 만드는가의 가치와 선택이 중요한 시대라고 봅니다.

이러한 변화 속에서 미디어 리터러시(Media Literacy)는 이제 곧 문화 리터러시(Cultural Literacy)라 할 수 있습니다. 디지털 콘텐츠를 이해한다는 것은 곧 기술을 통해 '나 자신'을 이해하는 일입니다. 그것은 감정과 상상력, 그리고 공동의 기억을 탐구하는 과정이며, 단순히 도구를 사용하는 능력을 넘어서 기술이 우리의 '사고', '감정', 그리고 '감각'을 어떻게 바꾸는가를 성찰하는 과정입니다.

기술은 이미 인간보다 빠르게 사고하고, 이미지를 만들며, 이야기를 써 내려갑니다. 그러나 질문을 던지고 가치를 선택하며, 의미를 해석하는 일은 여전히 인간의 몫입니다. AI 시대의 문화예술은 기술적 완성도보다 어떤 철학과 방향성을 담고 있는가, 그리고 그 안에 인간의 존엄, 창의성, 공감이 어떻게 녹아 있는가가 더 중요한 기준이 됩니다. 이제 우리는 클릭하나, 이미지 하나, 프롬프트 한 줄로도 새로운 문화를 만들어냅니다. 그러나 그 안에서 무엇을 창조하고, 왜 창조하는가, 그리고 그 결과가 사회적·문화적으로 어떤 가치를 지니는가를 묻는 것이 바로 오늘의 과제입니다.

저자 소개

이 교재를 기획·집필한 임상국 교수는 영산대학교(YOUNGSAN UNIVERSITY) 게임VR 학과 교수이자 AI. 미디어 아티스트로 활동하며, 게임, 메타버스, 실감형 콘텐츠, 디지털 예술, AI 기반 창작기술을 연구해 온 융합형 실무 전문가입니다.

그는 오랜 기간 "기술과 예술의 융합, 인간 중심의 디지털 창의성"을 주제로 한 연구와 교육을 병행해 왔으며, 『메타버스의 세계』, 『유니티를 활용한 메타버스 교과서』 등 다수의 저서를 통해 AI·VR 기반 융합콘텐츠 교육의 표준화를 선도하고 있습니다.

'AI 시대! 디지털 문화콘텐츠의 이해'는 AI 시대를 살아가는 21세기 현대인들에게 "기술 너머의 인간적 통찰"을 제시하고 "AI시대를 이해하는 지침서"를 제시하기 위해 만들어 졌습니다. 이 책은 단순한 전공 교재가 아니라, 인문학적 사고와 예술적 감수성, 그리고 디지털 리터러시를 함께 담은 융합형 전공 및 교양교재입니다. 임상국 교수는 이 책을 통해

"21세기 디지털 콘텐츠의 역사적 흐름을 어떻게 이해해야 하는가?"
"AI가 만들어주는 세상 속에서도 인간이 지켜야 할 가치는 무엇인가?"
"기술과 예술, 그리고 문화가 함께 진화할 때 진정한 창의성은 어디에서 오는가?"

라는 질문을 독자들과 함께 나누고자 합니다.

이 시대의 콘텐츠 교육은 단순히 '도구를 배우는 일'이 아니라, '가치를 창조하고 선택하는 과정'입니다. 그리고 그 선택의 기준을 세워주는 것이 바로, 이 교재의 존재 이유입니다.

CONTENTS

01 미디어와 콘텐츠의 이해 ········· 1

1. 콘텐츠란 무엇인가? - 디지털 표현의 문화적 본질 이해 ········· 2
   - 1.1 콘텐츠의 정의와 범주(Definition and Categories of Content) ········· 2
   - 1.2 콘텐츠와 정보의 차이(Difference Between Content and Information) ········· 3
   - 1.3 디지털 콘텐츠의 특성(Characteristics of Digital Content) ········· 4
2. 미디어의 개념과 역할(Concept and Role of Media) ········· 5
   - 2.1 미디어의 역사적 발전(Historical Development of Media) ········· 5
   - 2.2 매체 철학적 관점(Media Theory Perspective(McLuhan, Flusser)) ········· 6
   - 2.3 인간과 미디어의 상호작용(Interaction Between Humans and Media) ········· 8
3. 문화콘텐츠의 의미(Meaning of Cultural Contents) ········· 9
   - 3.1 문화와 스토리텔링(Culture and Storytelling) ········· 9
   - 3.2 문화산업과 창조경제(Cultural Industries and Creative Economy) ········· 10
   - 3.3 한국 문화콘텐츠 발전 사례
(Case Studies of the Development of Korean Cultural Contents) ········· 11

02 미디어의 역사와 디지털 예술 ······ 15

(The History of Media and Digital Art)

1. 미디어의 역사(The History of Media) ······ 17

1.1 이미지의 주술성과 상징성(Magic and Symbolism of the Image) ······ 18

1.2 시지각 체계와 프레임 ······ 21

1.3 시각(Vision)과 시각성(Visuality) ······ 22

1.4 시지각(視知覺)이란? ······ 24

1.5 인식의 개념과 과정(The Concept and Process of Perception) ······ 26

2. 근대적 시각체계 ······ 28

2.1 원근법적 시각체계(Perspective Visual System) ······ 32

2.2 카메라 옵스큐라적 시각체계(Camera Obscura Visual System) ······ 33

2.3 파노라마적 시각체계(Panoramic Visual System) ······ 35

3. 문명의 시작과 기록매체 (Beginning of Civilization and Recording Media) ······ 37

3.1 문자의 시작 ······ 38

3.2 숫자의 등장 ······ 40

3.3 카메라의 등장 ······ 41

3.4 왜 추상(Abstraction)인가? — 카메라 이후 예술의 대전환 ······ 46

3.5 프레임의 개념과 확장(The Concept and Extension of the Frame) ······ 70

3.6 몰입감(Immersiveness) ······ 75

4. 가상과 현실의 중첩
(Overlap of Virtuality and Reality) 77
4.1 디지털 예술과 프레임의 변화(Digital Art and Changes in Framing) 77
4.2 실감형 콘텐츠 사례 81
5. 이미지의 시대에서 프롬프트의 시대로
(From the Age of Image to the Age of Prompt) 84
5.1 미디어의 변천사 84
5.2 디지털 미디어와 가상현실 86
5.3 AI 가상 세계 속 캐릭터(버추얼 휴먼) 88
03 4차 산업혁명과 통신기술의 이해 91
(Understanding the Fourth Industrial Revolution and Communication Technology)
1. 4차 산업혁명(Industry 4.0) 92
1.1 4차 산업혁명의 의미와 전개 92
1.2 5G 통신기술 93
1.3 실감형 미래사회의 변화와 전망 94
1.4 Digital Twin and Hyper-Realistic Network
(디지털 트윈과 초실감 네트워크) 97
1.5 주요 핵심 기술과 응용 98

2. 웹의 진화와 가상현실의 역사(Evolution of the Web & VR) ······ 101

2.1 Web의 출현과 발전 ······ 101

2.2 가상현실(VR) 기술 동향 ······ 105

3. 홀로그램 기술과 응용 (Hologram Technology & Applications) ······ 111

3.1 홀로그램 산업의 시장동향 ······ 111

3.2 홀로그램의 원리와 종류 ······ 112

3.3 플로팅 홀로그램 유형 ······ 113

3.4 홀로그램의 예술 및 산업 응용 ······ 114

04 메타버스의 세계 ······ 117

(The World of the Metaverse)

1. Concept of Metaverse(메타버스의 개념) ······ 118

1.1 메타버스의 네 가지 유형 ······ 118

1.2 메타버스의 특징과 철학(Characteristics and Philosophy of the Metaverse) ·· 119

1.3 Creator Economy(크리에이터 이코노미) ······ 120

1.4 NFT와 블록체인의 등장(The Emergence of NFT and Blockchain) ······ 123

1.5 상호작용성과 아바타 문화(Interactivity and Avatar Culture) ······ 124

2. 디지털 휴먼과 인공지능 기술
(Digital Humans and AI Technology) 124

2.1 캐릭터 산업의 진화(Evolution of the Character Industry) 125

2.2 디지털 휴먼의 사례와 기술(Digital Human Cases and Technologies) 125

2.3 AI 기반 창작 기술(AI Human Creation) 129

3. 디지털 트윈(Digital Twin) & 디지털 휴먼(Digital Humans) 130

3.1 기술 구조와 특징(Technical Structure and Features) 131

3.2 산업 및 도시 적용 사례(Industrial and Urban Applications) 131

3.3 효과와 한계(Effects and Limitations) 132

3.4 Digital Humans in Culture, Advertising, and Art
(문화·광고·예술 속의 디지털 휴먼) 132

05 프롬프트 엔지니어링과 AI시대의 예술 137

(Prompt Engineering & AI Era of Digital Art)

1. ChatGPT와 프롬프트의 이해
(Understanding ChatGPT and Prompts) 138

1.1 ChatGPT의 개념 및 버전별 특징
(ChatGPT Concept and Features by Version) 139

1.2 프롬프트 엔지니어링의 개념과 전략
(Concepts and Strategies of Prompt Engineering) 139

1.3 AI 도구의 활용 사례(Use Cases of AI Tools) ······ 146

2. AI 캐릭터 생성과 응용 (AI Character Creation and Application) ······ 146

2.1 TOP 10 AI 캐릭터 생성 앱 (Top 10 AI Character Creation Apps) ······ 146

2.2 프롬프트 거래 및 공유 커뮤니티 (Prompt Purchase and Share Community) ······ 147

2.3 AI 기반 콘텐츠 창작 실습(AI-based Content Creation Practice) ······ 148

3. 생성형 인공지능의 이해 (Understanding Generative Artificial Intelligence) ······ 148

3.1 프롬프트의 개념과 활용(Prompt Concept and Use) ······ 149

3.2 생성형 AI의 디지털 아트(Generative AI and Digital Art)와 윤리 ······ 149

3.3 The Art of Collaboration Between Humans and AI (인간과 AI의 협업 예술) ······ 150

3.4 생성형 AI 사례 분석(2D → 3D → Motion Capture) ······ 152

3.5 메타버스와 AI의 결합(Combination of Metaverse and AI) ······ 153

4. AI시대의 핵심기술(Core Technologies in the AI Era) ······ 153

4.1 환각 현상(Hallucination) ······ 153

4.2 생성적 적대신경망(Generative Adversarial Network, GAN) ······ 153

4.3 머신러닝과 딥러닝(Machine Learning and Deep Learning) ······ 156

4.4 딥페이크 기술(Deepfake Technology) ······ 157

06 디지털 문화콘텐츠 산업과 미래사회 ····························· 159
(The History of Media and Digital Art)

1. Structure of the Digital Content Industry
(디지털 콘텐츠 산업의 구조) ··· 160

1.1 Digitalization of the Music, Video, and Game Industries
(음악·영상·게임 산업의 디지털화) ··· 160

1.2 Platform Business and Subscription Economy
(플랫폼 비즈니스와 구독경제) ··· 162

1.3 Creator-Centered Ecosystem(크리에이터 중심 생태계) ······························ 163

2. Global Content Trends
(글로벌 콘텐츠 트렌드) ··· 165

2.1 OTT and Streaming(OTT와 스트리밍 산업) ·· 165

2.2 NFT·Virtual Asset·Metacommerce(NFT·가상자산·메타커머스) ················ 167

2.3 Expansion of AI Creative Industry(AI 창작 산업의 확장) ···························· 168

3. Digital Ethics and Sustainability
(디지털 윤리와 지속가능성) ··· 170

3.1 Copyright / Deepfake Issues(저작권과 딥페이크 문제) ································ 170

3.2 Data Bias and AI Ethics(데이터 편향과 인공지능 윤리) ······························ 171

3.3 Sustainable Digital Cultural Ecosystem(지속가능한 디지털 문화 생태계) ···· 172

Epilogue 175

Era of Digital Humans(디지털 휴먼의 시대) 176

New Art and Humanity Created by AI and Metaverse
(AI와 메타버스가 만들어내는 새로운 예술과 인간성) 176

Coexistence of Technology and Culture
(기술과 문화의 공존) 177

Digital Literacy for the Next Generation
(차세대를 위한 디지털 리터러시) 178

부록 Appendix 181

1. Glossary of Key Terms(핵심 용어 정리) 182

2. References and Image Sources
(참고문헌 및 이미지 출처) 183

■ References (참고문헌) 183

■ Image & Diagram Sources (이미지 및 도식 출처) 183

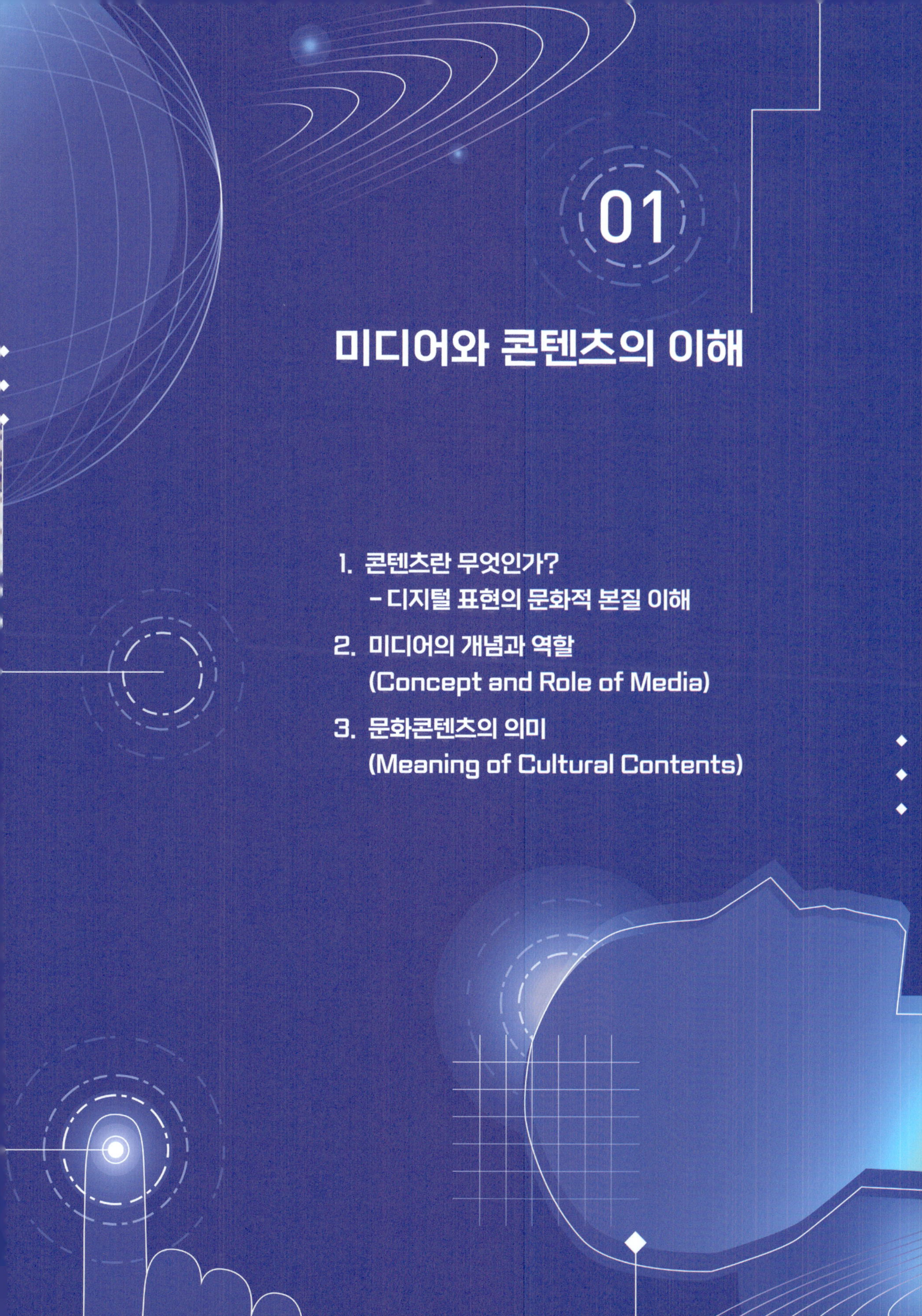

01

미디어와 콘텐츠의 이해

1. 콘텐츠란 무엇인가?
   - 디지털 표현의 문화적 본질 이해
2. 미디어의 개념과 역할
   (Concept and Role of Media)
3. 문화콘텐츠의 의미
   (Meaning of Cultural Contents)

01

미디어와 콘텐츠의 이해

1. 콘텐츠란 무엇인가? – 디지털 표현의 문화적 본질 이해

What is Content? – Understanding the Cultural Essence of Digital Expression

디지털 시대의 '콘텐츠(Content)'는 단순히 전달되는 정보의 묶음이 아니라, 인간의 감성과 사고, 창의성을 매개로 한 문화적 표현물이다. 즉, 콘텐츠는 기술적으로는 데이터이지만, 사회·문화적으로는 의미를 생산하고 소비자와의 상호작용을 통해 새로운 가치를 만들어내는 산물이라 할 수 있다.

'콘텐츠'라는 단어는 본래 '속에 담긴 것'(contained things)이라는 라틴어 contentus에서 유래되었다. 이 말은 '그릇 안에 담긴 내용'이라는 뜻으로, 오늘날의 미디어 환경에서는 '미디어(media)'라는 그릇 안에 담긴 정보·이야기·이미지·사운드·경험을 통칭한다. 따라서 콘텐츠를 이해하기 위해서는 그릇(매체)과 내용(의미), 그리고 그것을 수용하는 사용자(consumer)의 관계를 함께 고려해야 한다[그림 1].

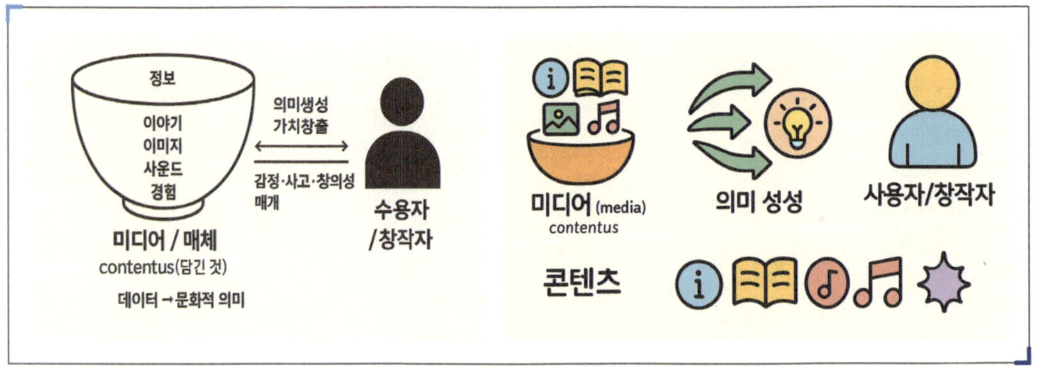

[그림 1] 콘텐츠 – 미디어 – 수용자 관계도

1.1 콘텐츠의 정의와 범주(Definition and Categories of Content)

'콘텐츠'의 개념은 학문과 산업 분야에 따라 다양하게 정의된다. 일반적으로 콘텐츠는 "사용자에게 의미와 가치를 전달하기 위해 기획·제작·가공된 창의적 산출물"을 의미한다. 콘텐츠의 범주는 매우 넓으며, 대표적으로 다음 세 가지로 구분할 수 있다.

1) 정보형 콘텐츠(Informational Contents)

→ 사실적 데이터나 지식을 전달하는 콘텐츠로, 뉴스, 교육자료, 백과 등이 포함된다.

2) 오락형 콘텐츠(Entertainment Contents)

→ 감정적 즐거움과 몰입을 제공하는 콘텐츠로, 영화, 드라마, 음악, 게임, 예능 등이 여기에 속한다.

3) 문화예술형 콘텐츠(Cultural & Artistic Contents)

→ 문화적 정체성, 예술적 감성을 표현하는 콘텐츠로, 전통문화·디지털아트·전시 콘텐츠 등이 대표적이다.

이 세 영역은 완전히 구분되지 않으며, 오늘날 대부분의 디지털 콘텐츠는 정보·오락·문화적 요소가 복합적으로 융합된 형태(hybrid form)를 보인다.

1.2 콘텐츠와 정보의 차이(Difference Between Content and Information)

'정보(Information)'는 객관적인 사실이나 데이터 자체를 의미하지만, '콘텐츠(Content)'는 그 정보가 문화적 맥락 속에서 해석되고 경험될 때 완성된다.

구분	정보(Information)	콘텐츠(Content)
본질	사실, 데이터	의미, 경험
생산주체	공급자 중심	창작자 및 사용자 중심
목적	전달, 통보	공감, 체험, 참여
형태	텍스트, 수치, 코드	이미지, 영상, 사운드, 스토리
가치창출	단일적	감성적·문화적·경제적 융합가치

예를 들어 "부산의 날씨는 오늘 23도 입니다."는 '정보'이지만, "부산의 따뜻한 봄 바다를 배경으로 한 여행 다큐멘터리"는 '콘텐츠'이다. 즉, 콘텐츠는 정보에 맥락(context)과 스토리(storytelling)가 더해졌을 때 형성된다.

1.3 디지털 콘텐츠의 특성(Characteristics of Digital Content)

디지털 기술의 발전은 콘텐츠의 개념을 더욱 확장시켰다. 기존의 단방향적 '콘텐츠 소비'가 아니라, 사용자 참여형 콘텐츠 생태계로 전환되고 있다. 대표적인 디지털 콘텐츠의 특징은 다음과 같다.

1) 비선형성(Non-linearity)

→ 디지털 콘텐츠는 정해진 순서 없이 사용자의 선택에 따라 다르게 전개된다.

예 인터랙티브 영화, 분기형 게임 스토리

2) 상호작용성(Interactivity)

→ 사용자가 콘텐츠 제작과정에 직접 참여하거나 피드백을 제공함으로써 새로운 형태의 경험을 창출한다.

3) 융합성(Convergence)

→ 영상, 음악, 텍스트, 데이터가 하나의 플랫폼 안에서 결합된다.

예 유튜브, 넷플릭스, 메타버스 서비스

4) 확장성(Expandability)

→ 온라인 네트워크를 통해 빠르게 확산되며, 다른 미디어와 연동된다.

예 SNS, OTT, VR 플랫폼이 대표적

5) 지속가능성(Sustainability)

→ 디지털 아카이브와 클라우드 저장기술로 콘텐츠의 재활용, 리메이크, 재생산이 용이하다. 결국 디지털 콘텐츠는 정보와 감성, 기술과 예술이 결합된 복합적 문화산물로서, 그 가치는 단순한 데이터의 양이 아니라 사용자 경험(UX)과 참여의 깊이에서 결정된다.

요약(Summary)

콘텐츠는 단순한 정보가 아니라 의미를 담은 문화적 표현물이다. 정보가 '사실'을 전달한다면, 콘텐츠는 '경험'을 설계한다. 디지털 콘텐츠는 상호작용·융합·확장성을 바탕으로, 사용자가 직접 참여하며 가치를 재창조하는 문화생태계적 존재이다.

2. 미디어의 개념과 역할(Concept and Role of Media)

오늘날 '미디어(Media)'는 단순히 정보를 전달하는 도구를 넘어, 인간의 사고방식과 사회 구조를 형성하는 중심적인 환경(environment)으로 작용한다. 즉, 미디어는 '전달의 수단' (medium)이자 '인식의 틀'(frame)이며, 더 나아가 현대 문명을 움직이는 '문화적 시스템'이라 할 수 있다. '미디어(media)'라는 용어는 라틴어 medium(사이, 중간)에서 유래했으며, '어떤 것과 어떤 것을 연결해주는 매개(媒介)'라는 의미를 가진다. 초기에는 신문, 라디오, 텔레비전과 같은 물리적 매체를 가리켰으나, 디지털 시대에 들어 미디어는 기술·데이터·사람이 상호작용하는 네트워크적 환경 전체를 포함하게 되었다.

2.1 미디어의 역사적 발전(Historical Development of Media)

미디어의 역사는 곧 인간 커뮤니케이션의 역사이다. 인류는 '이미지의 시대'에서 '문자의 시대'를 거쳐 '디지털의 시대'로 진화하며, 각 시기마다 사고의 구조와 감각의 방식을 변화시켜 왔다.

1) 이미지의 시대(Age of Image)

- 원시벽화, 상형문자, 토템 등은 감각적 표현을 통해 의미를 전달했다.
- 시각 중심의 문화가 형성되며, 미디어는 주술적·상징적 기능을 수행했다.
- 이미지가 정보를 대신한다.

2) 문자의 시대(Age of Writing)

- 문자 발명은 정보의 저장과 확산을 가능하게 했고, 시간과 공간의 제약을 극복하는 '기록미디어'의 시작이 되었다.
- 활판 인쇄술의 등장은 대중사회와 근대적 사고의 기반을 마련했다.
- 문자와 숫자는 텍스트 기반의 정보 전달 및 소통 미디어로써 문화발전의 초석으로 작용한다.

3) 기계적 재현의 시대(Age of Mechanical Reproduction)

- 사진, 영화, 인쇄 등 기계 기술을 통한 이미지 복제가 가능해지며 대중매체가 출현하였다.

- 시각문화는 현실 재현을 넘어 감각 조작의 단계로 진입했다.
- 움직이는 이미지의 등장은 새로운 시각체계를 형성하며 사진, 영상미디어로써 정보전달방법을 발전시켜 간다.

4) 디지털의 시대(Digital Age)

- 컴퓨터와 네트워크의 발달로 미디어는 가상공간 속에서 텍스트, 이미지, 사운드, 데이터가 융합되는 멀티모달 환경으로 발전했다.
- 미디어는 더 이상 '도구'가 아니라, 인간의 인지와 사회적 행동을 구조적으로 규정하는 '환경(media ecology)'이 되었다.

5) AI 생성형 프롬프트 시대(The Era of AI Generative Prompts)

- 문자를 통해 이미지, 영상, 사운드등 다양한 콘텐츠를 생성
- 텍스트를 기반으로 시각화, 정보검색, 정보전달, 창작의 과정을 모두 가능하게 하는 멀티 모달형 미디어

즉, 미디어의 발전은 단순한 기술의 진보가 아니라, 인간이 세계를 지각하고 소통하는 방식의 진화 그 자체이다. 즉 원시이미지의 시대 → 문자(텍스트)의 시대 → 디지털 이미지의 시대(사진, 영상) → AI텍스트(프롬프트)시대로 순환하는 구조이다.

2.2 매체 철학적 관점(Media Theory Perspective(McLuhan, Flusser))

Marshall McLuhan

Vilém Flusser

1) Marshall McLuhan(마셜 맥루한)

캐나다의 미디어 이론가인 맥루한은 "미디어는 메시지다(The Medium is the Message)"라는 명제를 통해 미디어의 본질을 기술의 내용이 아니라 형식(form)에서 찾았다. 그에 따르면, 미디어는 단순한 정보 전달의 통로가 아니라 인간 감각의 확장(extension of man)이며, 새로운 미디어의 등장은 인간의 지각 구조를 재조직한다고 한다.

구분	주요 개념	핵심 설명
Hot Media	감각을 강하게 자극 (ex. 영화, 라디오)	감각의 참여가 낮고 집중적
Cool Media	감각의 참여를 유도 (ex. TV, 만화)	수용자의 상호작용이 높음
Global Village	지구촌	미디어가 전 지구적 소통공간을 형성

맥루한은 전자미디어 시대를 '지구촌(Global Village)'으로 규정하며, 인간 감각의 확장과 사회적 관계의 재조직을 강조했다.

2) Vilém Flusser(빌렘 플루서)

플루서는 미디어 철학(Media Philosophy)과 기술 이미지 이론을 정립한 20세기 핵심 사상가로 미디어를 '커뮤니케이션 코드의 진화'로 보았다. 그는 언어, 문자, 이미지가 각각 다른 차원의 사고를 만들어낸다고 분석하며, 특히 사진·영상·컴퓨터 이미지와 같은 기술적 이미지(technical image)가 현대 인류의 사고를 '기호화(symbolization)'된 세계로 전환 시켰다고 보았다. 플루서에 따르면, 기술적 이미지는 인간이 세계를 직접 경험하지 않고 기계를 통해 간접적으로 해석하는 새로운 시각성(visuality)을 낳는다. 그 결과, 현대 사회는 '보는 존재(homo videns)'로 변화하며 시각적 코드의 해독 능력, 즉 미디어 리터러시(media literacy)가 필수 역량이 되었다.

* 맥루한이 미디어를 '감각의 확장'으로 보았다면, 플루서는 그것을 '인식의 코드화된 언어'로 이해하였다.

* Marshall McLuhan(1911~1980)은 캐나다의 철학자이자 커뮤니케이션·미디어 이론가로, 현대 미디어 연구와 디지털 문화 이론의 기초를 만든 인물이다. 오늘날 인터넷, SNS, 메타버스, VR/AR를 이해하는 데까지 영향을 미친 사상가로 평가된다.

* Vilém Flusser(1920~1991)은 미디어 철학자, 문화 이론가, 기술 비평가로, 사진·영상·디지털 이미지·코드·인터페이스를 철학적으로 분석한 현대 미디어 사상의 핵심 인물이다. 그는 사진·기술 이미지·프로그래밍·AI적 사고를 가장 먼저 철학적으로 사유한 사상가 중 한 명으로, 오늘날의 AI 생성 이미지, 디지털 아트, 인터랙티브 미디어, 메타버스 담론과 직접적으로 연결된다.

2.3 인간과 미디어의 상호작용(Interaction Between Humans and Media)

현대 미디어 환경에서 인간은 더 이상 미디어의 '수용자'에 머물지 않는다. 사용자(user)는 직접 콘텐츠를 생산하고, 공유하며, 다른 사용자와 상호작용하는 프로슈머(Prosumer, Producer+Consumer)로서 기능한다. 이 과정에서 인간과 미디어는 다음과 같은 상호작용 구조를 형성한다.

1) 기술적 상호작용(Technical Interaction)

- 하드웨어 및 인터페이스를 통해 인간의 감각·행동이 미디어로 입력된다.
- 예 터치스크린, HMD, 모션센서, 음성인식 등

2) 사회적 상호작용(Social Interaction)

- 미디어는 개인 간, 집단 간 소통의 장을 만들어낸다.
- 예 SNS, 온라인 커뮤니티, 메타버스 등

3) 인지적 상호작용(Cognitive Interaction)

- 미디어는 인간의 사고 패턴, 기억, 감정을 재구성한다.
- 예 알고리즘 추천, AI 비서, 감정 인식 기술 등

즉, 인간은 미디어를 사용하면서 동시에 미디어에 의해 재구성되는 존재이다. 이는 단순한 기술 활용을 넘어, 인간 정체성과 사회 구조까지 미디어가 관여하는 '상호 생성적 관계(co-evolution)'로 볼 수 있다.

미디어는 정보전달 수단이 아니라 인식과 사회를 조직하는 환경이다.
인간과 미디어는 상호작용 속에서 끊임없이 공진화(co-evolution)하고 있으며, 오늘날의 미디어는 인간 경험의 경계를 확장하는 문화적 생태계(media ecology)로 존재한다.

3. 문화콘텐츠의 의미(Meaning of Cultural Contents)

'문화콘텐츠(Cultural Contents)'는 인간의 감성과 창의적 사고가 결합되어 이야기·이미지·소리·체험을 통해 새로운 의미와 가치를 창출하는 문화적 산출물이다. 즉, 문화콘텐츠는 단순히 오락적 상품이 아니라, 문화적 정체성과 사회적 상상력을 표현하고, 이를 기반으로 경제적 부가가치와 국가 경쟁력을 형성하는 복합적 개념이다. 문화콘텐츠는 '문화(culture)'라는 정신적 기반 위에 '콘텐츠(contents)'라는 매개체가 결합된 형태로, 예술·산업·기술이 융합된 21세기형 종합산업이자 창조적 표현양식이라 할 수 있다.

3.1 문화와 스토리텔링(Culture and Storytelling)

모든 문화콘텐츠의 근원에는 '이야기(story)'가 존재한다. 이야기는 시대와 지역, 기술이 변하더라도 인간이 세계를 해석하고 소통하는 가장 보편적인 형식이다[그림 2].

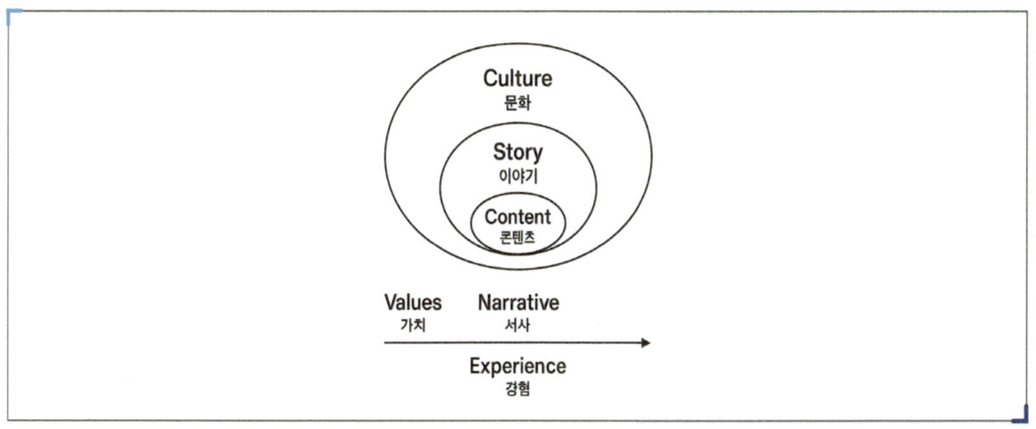

[그림 2] '스토리텔링 구조도' (Culture – Story – Content 관계)

1) 문화의 의미와 확장

'문화(culture)'는 본래 '경작하다(cultivate)'라는 라틴어 colere에서 유래했으며, 인간이 자연과 사회를 다루는 방식, 그리고 그 속에서 형성된 가치체계 전반을 의미한다. 따라서 문화는 단순히 예술이나 전통에 한정되지 않고, 삶의 방식(lifestyle) 자체를 포함한다. 오늘날의 문화콘텐츠는 이러한 문화적 가치에 서사적 구조

(storytelling)를 결합함으로써 감정이입, 공감, 몰입을 가능하게 한다. 즉, 콘텐츠의 중심은 기술이 아니라 서사(narrative)이다.

2) 스토리텔링의 역할

① **정체성의 형성** : 이야기는 개인과 공동체의 정체성을 구성한다.

② **감정적 소통** : 서사는 감정을 공유하게 하며, 감성적 연결을 강화한다.

③ **상징의 재구성** : 문화적 코드와 상징을 통해 사회적 의미를 재해석한다.

3) 디지털 시대의 스토리텔링

디지털 환경에서는 이야기가 비선형적(nonlinear)으로 전개된다. 사용자는 단순한 수용자가 아니라 참여자이자 공동 창작자(co-creator)로 기능하며, VR·AR·게임·메타버스 등의 플랫폼에서는 상호작용형 스토리텔링(Interactive Storytelling)이 이루어진다.

* 결국 '이야기'는 문화의 핵심 언어이며, 디지털 시대의 콘텐츠는 스토리텔링을 중심으로 문화적 감성과 기술적 경험을 융합한다.

3.2 문화산업과 창조경제(Cultural Industries and Creative Economy)

문화콘텐츠는 예술적 창작 활동이면서 동시에 산업적 생산물이다. 즉, 문화산업은 창의성과 상상력을 기반으로 경제적 부가가치를 창출하는 창조경제(Creative Economy)의 핵심 영역이다.

1) 문화산업의 정의

문화산업은 '문화적 표현물과 서비스가 대량생산·유통·소비되는 산업 분야'를 뜻한다. 대표적으로 영화, 음악, 게임, 방송, 출판, 애니메이션, 패션, 공연 등이 포함된다. 이 산업은 단순한 콘텐츠 판매를 넘어 지식재산(IP) 중심의 융합산업으로 발전하고 있다.

2) 창조경제의 개념

창조경제는 '창의적 아이디어와 기술, 문화가 결합되어 새로운 가치와 일자리를 창출하는 경제체계'이다. 이는 전통적인 제조 중심 산업에서 벗어나, 지식·감성·문화가 중심이 되는 지식문화기반 경제(Knowledge & Culture-based Economy)로의 전환을 의미한다.

3) 문화산업의 특징

항목	설명
비물질성(Intangibility)	감성·상징 등 무형의 가치로 소비됨
융합성(Convergence)	예술·기술·산업의 융합적 성격
확산성(Transmissibility)	디지털 네트워크를 통한 빠른 전파
창의성(Creativity)	개인의 상상력과 문화적 해석이 핵심 자원
지속가능성(Sustainability)	IP 재활용, 팬덤·커뮤니티 기반 유지 가능

이처럼 문화콘텐츠는 문화적 정체성의 표현이자 국가 경쟁력의 원천으로 평가받고 있으며, 한류(K-Culture)는 그 대표적인 결과물이다.

3.3 한국 문화콘텐츠 발전 사례 (Case Studies of the Development of Korean Cultural Contents)

한국의 문화콘텐츠 산업은 1990년대 이후 급속히 성장하며 산업정책+기술혁신+글로벌 네트워크+문화정체성이 결합된 독특한 발전 모델을 구축했다.

1) 한류(K-Wave)의 확산[그림 3]

* 1세대(1990s~2000s):
  드라마 〈겨울연가〉, 〈대장금〉을 중심으로 동아시아권에 한류 붐 형성되었다.
* 2세대(2010s):
  K-pop 중심의 글로벌 확산 — BTS, EXO, BLACKPINK 등 세계시장에 진출했다.
* 3세대(2020s):
  메타버스 콘서트, NFT 음원, AI 아이돌 등 디지털 기술 기반으로 확장된다.

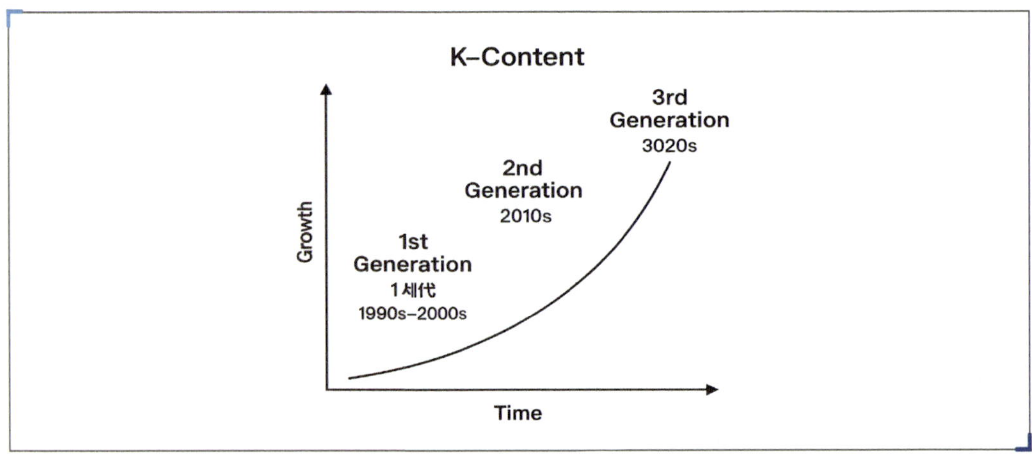

[그림 3] 'K-콘텐츠 발전 단계 그래프' (1세대~3세대)

2) 게임·애니메이션 산업의 발전

〈리니지〉, 〈배틀그라운드〉, 〈오버워치2(한국개발참여)〉 등 세계적으로 성공한 사례가 다수이다. 또한 정부 R&D 및 인디게임 창작지원사업을 통한 산업 인프라가 확대되고 있다.

3) 전통문화의 디지털화

문화재·무형문화유산을 3D·VR·AR로 복원하여 교육·전시 콘텐츠로 활용하고 있다.

예 국립중앙박물관 VR 체험관, 안동탈춤·한지공예의 메타버스 재현.

이러한 시도는 디지털 기술을 통한 문화유산의 재해석과 세계화의 사례로 평가된다.

4) K-콘텐츠의 산업화 전략

글로벌 유통망 확보 : 넷플릭스, 디즈니+, 왓챠 등 OTT 플랫폼 중심 진출.

지식재산(IP) 비즈니스 : 웹툰 → 드라마 → 게임으로 확장되는 'IP 시너지 구조'.

공공정책 연계 : K-Content Valley, 콘텐츠진흥원(KOCCA) 지원정책 등.

* 한국형 문화콘텐츠 모델은 문화적 창의성과 기술, 산업적 전략이 결합된 "창의산업(Creative Industry)"의 대표적 성공 사례로 평가된다.

문화콘텐츠는 문화적 가치 + 스토리텔링 + 기술 + 산업구조가 결합된 복합적 개념이다. 스토리텔링은 인간의 감성과 정체성을 연결하는 핵심 구조이며, 창조경제는 이러한 콘텐츠를 통해 새로운 부가가치를 창출한다. 한국의 문화콘텐츠 산업은 한류(K-Culture)를 중심으로 세계 시장에서 문화적 영향력과 경제적 성과를 동시에 달성하고 있다.

AI 시대! 디지털 문화콘텐츠의 이해

AI Era : Understanding Digital Cultural Contents

— 디지털 시대, 미디어·예술·기술의 융합을 탐구하다 —

— Exploring the Convergence of Media, Art, and Technology in the Digital Age —

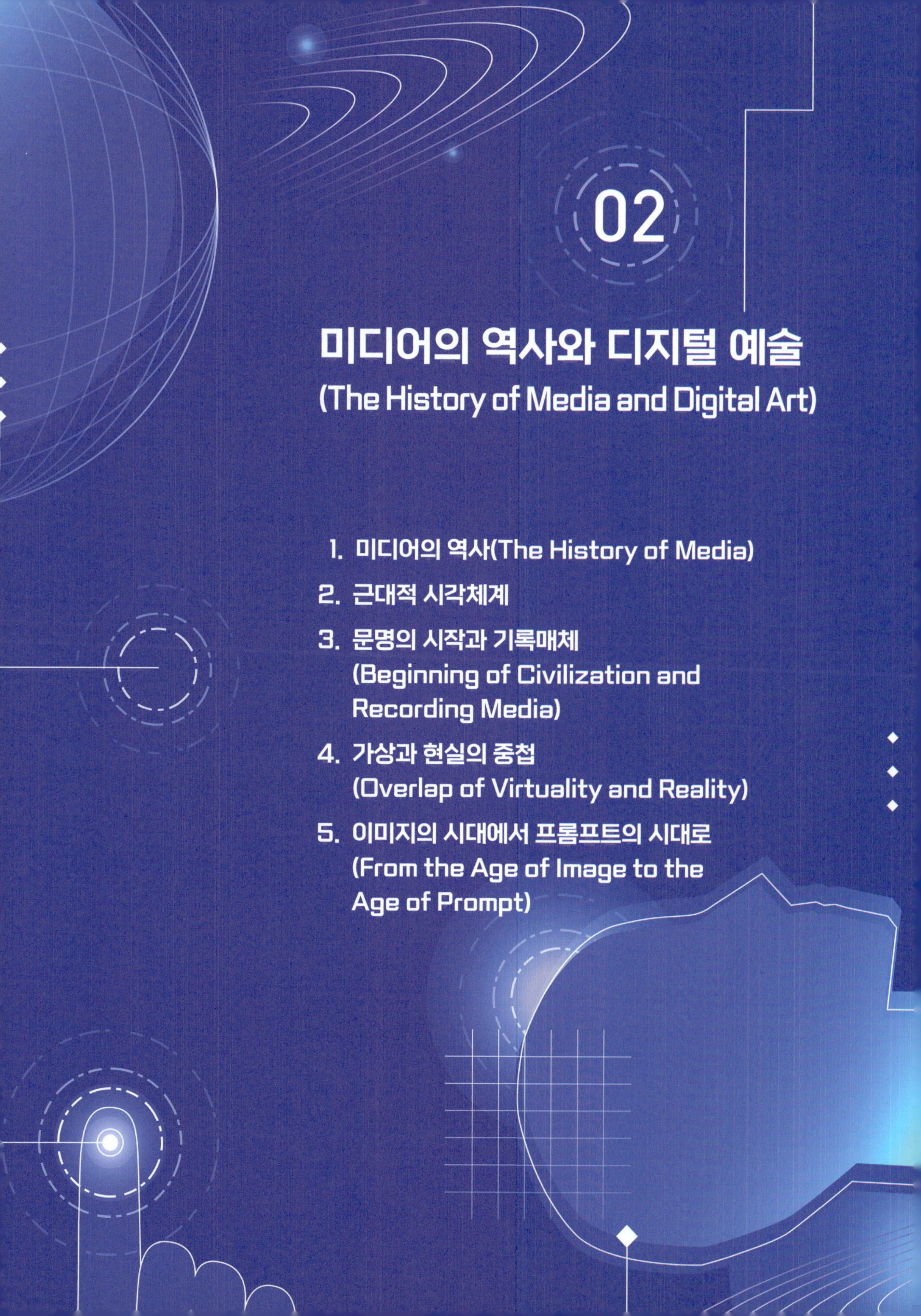

02

미디어의 역사와 디지털 예술 (The History of Media and Digital Art)

1. 미디어의 역사(The History of Media)
2. 근대적 시각체계
3. 문명의 시작과 기록매체 (Beginning of Civilization and Recording Media)
4. 가상과 현실의 중첩 (Overlap of Virtuality and Reality)
5. 이미지의 시대에서 프롬프트의 시대로 (From the Age of Image to the Age of Prompt)

02

미디어의 역사와 디지털 예술

(The History of Media and Digital Art)

이 장은 미디어의 발전 과정과 디지털 예술의 탄생 배경을 다루며, 인간의 시각 체계, 인식 구조, 그리고 기술의 진화가 어떻게 예술적 표현 방식과 문화적 의미를 변화시켰는지를 설명한다. 미디어의 역사(The History of Media)에서 미디어는 인간의 '보는 방식'과 '세계를 이해하는 틀'을 형성해온 기록이다. 동굴벽화에서 인쇄기, 사진, 영화, 컴퓨터, 인터넷에 이르기까지 기술의 발전은 곧 문화 표현의 확장이었다. 특히 디지털 미디어는 데이터와 이미지, 소리, 감정이 융합된 새로운 표현 공간을 만들었다.

이미지의 주술성과 상징성(Magic and Symbolism of Images)면에서도 초기 이미지는 단순한 기록이 아니라 감정과 신앙을 시각화한 주술적 언어였다. 인간은 이미지를 통해 보이지 않는 세계와 소통하려 했으며, 이것이 예술의 근본적 출발점이 되었다. 근대적 시각체계의 형성(Modern Visual System)은 르네상스 시대의 원근법을 통해 시각을 과학화하고, 세계를 하나의 시점으로 규정했다. 카메라 옵스큐라는 관찰자의 시선을 고정시키며 '객관적 재현'의 시대를 열었다. 파노라마적 시각체계는 공간을 확장하고 몰입적 체험의 시초가 되었다.

문명과 기록매체의 탄생(Beginning of Civilization and Recording Media)은 문자와 숫자의 발명으로 인간 사고를 시각적으로 저장할 수 있게 했다. 사진과 영화는 현실을 복제하며 시각문화의 대중화를 이끌었다. 컴퓨터와 네트워크의 등장은 정보와 이미지의 융합, 즉 디지털 전환(Digital Transformation)의 출발점이 되었다. 프레임의 개념과 확장(Frame Concept and Expansion)에서도 프레임은 단순한 '화면의 경계'가 아니라, 인식과 사유의 틀이다. 회화의 프레임은 고정된 시점, 관조적 시선, 영화의 프레임은 시간과 움직임의 도입, 디지털 프레임은 가상공간으로 확장된 참여형 시각성으로 설명된다. 디지털 환경에서는 프레임이 인터페이스(Interface)로 진화하며, 사용자와 콘텐츠가 상호작용하는 새로운 경험을 만든다.

몰입감의 미학(Immersiveness and Digital Aesthetics)측면에서 몰입은 감각·기술·서사가 결합된 체험의 예술이다. 시각뿐 아니라 청각, 촉각, 감정이 함께 작동하며, VR·AR·메타버스는 이러한 몰입을 극대화한다. 사용자는 더 이상 관람자가 아니라 참여자이자 공동 창작자가 된다. 이러한 현상은 가상과 현실의 중첩(Overlap of Virtuality and Reality)으로 나타난다.

디지털 예술은 현실과 가상의 경계를 허물며, 새로운 형태의 문화적 실재를 만든다. 가상 전시, AI 생성 이미지, 증강현실 등은 기술·감각·문화의 융합 예술을 상징한다. 따라서 오늘날의 예술은 복제(reproduction)가 아닌 재구성(re-creation)의 과정이다.

1. 미디어의 역사(The History of Media)

사람들의 생각이나 어떤 사물에 대한 정보를 전달하는 수단을 일반적으로 미디어(MEDIA)라고 한다. 미디어는 시각 또는 청각을 통해 정보를 전달하고 소통하는 매체이며 개인과 개인 그리고 개인과 세상을 인식하는 창으로써 여러 형태로 나타난다. 따라서 한 두 사람이 아닌 수많은 사람에게 대량으로 전달하는 매체로서 작용하는 텔레비전이나 신문, 영화, 잡지, 광고 등은 매스미디어(MASS MEDIA)라고 한다. 일반적인 매스 미디어로는 TV, 신문, 잡지, 도서, 라디오, 텔레비전, 영화, 음악, 온라인 뉴스, 소셜 미디어 등이 있고 뉴미디어로는 유튜브 같은 양방향적 1인 미디어가 있다. 이러한 미디어들은 우리의 일상생활에 깊숙이 관여하며, 시대적 가치를 배우고 사람들의 행동방식을 이해하는데 큰 영향을 끼친다.

마샬 맥루한(Marshall Mcluhan)은 "미디어는 메시지다"라고 말했다. 맥루한의 관점에서 본다면 '미디어'는 우리가 단순히 생각하는 TV나 신문 등의 매스미디어에만 국한되는 것이 아닌 인간이 고안한 기술이나 도구, 또는 신체까지도 포함하는 넓은 의미의 개념이다. 미디어는 정보를 전달하는 역할뿐만 아니라, 시각성과 같은 의미에서 여론을 형성하거나 새로운 문화를 창조하는 사회적인 영향력도 가지고 있다. 또한 뉴스, 예술, 광고, 엔터테인먼트 등 미디어는 문화의 전파를 통한 패러다임 형성에도 큰 역할을 하며 경제적인 효과 측면도 강하다. 미디어의 역사를 이해하기 위해서는 개념적 특징들뿐만 아니라

'이미지의 시대 → 텍스트의 시대 → Digital이미지의 시대 → Again텍스트의 시대'

로 반복되고 순환되는 문화적 특징을 이해할 필요가 있다. 본 장에서는 원작과 복제 그리고 합성이라는 개념을 통해 미디어의 순환적 역사를 원시시대부터 이해해보고자 한다.

1.1 이미지의 주술성과 상징성(Magic and Symbolism of the Image)

이미지는 인류가 언어 이전에 사용한 가장 오래된 소통의 형태였다. 선사시대의 동굴 벽화나 토템, 기호적 문양 등은 단순한 그림이 아니라, 자연과 인간, 보이지 않는 세계를 연결하기 위한 주술적 행위이자 상징적 표현이었다. 이 시기의 이미지는 '현실의 재현'이 아니라 존재를 이해하고 세계를 해석하는 방법이었다. 인간은 그림을 통해 두려움과 바람을 형상화하고, 감정과 신앙, 기억을 시각적 기호(visual symbol)로 남겼다. 따라서 이미지는 단순한 시각적 대상이 아닌, 감각과 인식, 상상력이 결합된 문화적 언어였다. 이러한 초기 이미지는 '시지각체계(Visual Cognitive System)'의 산물로 볼 수 있다. 즉, 보는 행위가 감정적 경험과 연결되어 있었으며, 그 안에서 '프레임'은 세계를 해석하는 정신적 창(window of perception)으로 작용했다. 결국 이미지는 인간이 의미를 창조하고 세계를 상징화하는 최초의 문화적 장치였다. 이 주술적 이미지의 전통은 오늘날의 미디어아트와 디지털 예술로 이어지며, 기술이 바뀌어도 인간이 이미지를 통해 감정과 상징을 공유하려는 본질적 욕망은 변하지 않는다.

원시시대가 이미지를 통해 소통하는 시대였다면 문자와 숫자의 등장은 텍스트의 시대를 맞이하며 구체적인 정보를 기록하고 소통할 수 있게 발전한다. 이미지 시대를 살펴보면 회화의 시대는 이미지를 통한 재현의 역사였고 사진기의 등장은 이미지의 역사를 확장하게 된다. 영화의 탄생은 움직이는 이미지의 시대로 발전하는 원동력이 되었고 컴퓨터의 등장으로 디지털 가상세계는 새로운 뉴미디어의 영역으로 확장되었다. 최근 AI의 등장으로 자연어와 프롬프트라는 기계어의 개념이 형성되었고 텍스트 방식은 우리의 미디어 역사를 다시 순환하는 구조로 만들어가고 있다.

빌렌도르프의 비너스(1908년)는 커다란 유방, 굵은 허리, 불룩한 배, 지방이 풍부한 엉덩이와 돌출된 성기가 특징인 선사시대 유물이다. 시각적으로는 사실적, 예술적 표현이라기보다는 생식과 출산, 다산의 상징으로 주술적 숭배를 이상적으로 표현한 여성상이다. 문자가 없던 당시의 시대적 특성들을 볼 때 빌렌도르프의 비너스는 미디어로써 당시의 시대적 생존과 번식욕구를 상징하며 소통방식으로써의 언어라고 할 수 있다[그림 4].

◀ 빌렌도르프의 비너스
[그림 4]

라스코 동굴벽화 ▶
[그림 5]

프랑스 라스코 동굴벽화(1940년)에는 빨강·검정·노랑 등으로 색칠한 말, 들소, 사슴 등 100여 점의 동물이 그려져 있다. 이 그림 또한 구석기인들의 정보전달 방식으로써 미디어의 사례로 사냥의 성공과 풍요를 비는 주술적 의미가 있다[그림 5].

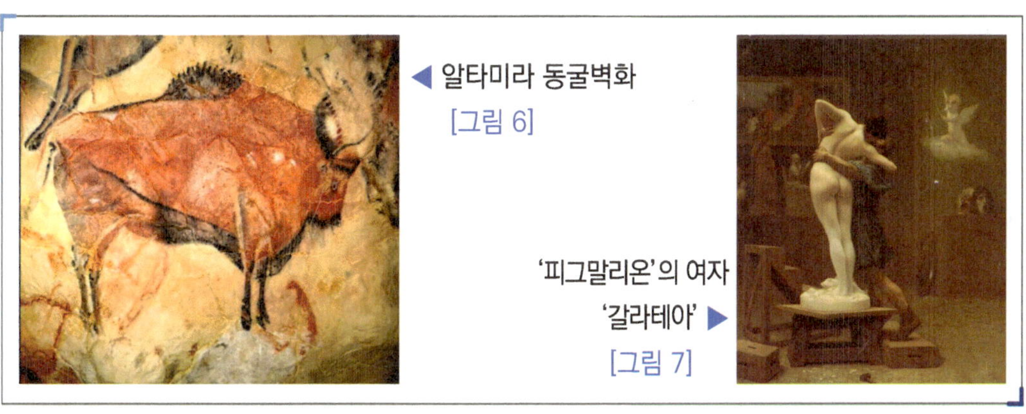

◀ 알타미라 동굴벽화
[그림 6]

'피그말리온'의 여자
'갈라테아' ▶
[그림 7]

알타미라 동굴벽화(cueva de Altamira)는 스페인의 어느 동굴에서 발견되었는데 Arta는 스페인어로 높은 곳이고, Artar는 제단이라고 한다. 해석해 보면 "높은 곳에서 바라보는 전망"(high view) 또는 '높은 곳으로 이어주는 곳'이라는 뜻을 내포하게 된다. 동굴에서 가장 높은 곳인 천정에 벽화를 그린 것으로 볼 때 사냥의 성공을 기원하는 주술적 의미가 담겼을 것이라고 추정한다[그림 6].

갈라테아는 피그말리온이 조각 후 사랑에 빠져버린 여인 조각상인 갈라테아와 관련한 유명한 신화이야기이다. 흔히 '피그말리온 효과'로도 유명한 이 이야기는 우리나라에선 '지성이면 감천이다'라는 말로도 표현할 수 있다. 이처럼 원시시대에서 나타나는 시각 이미지가 가지는 미디어의 기능은 주술적인 면에서 다양한 형태로 나타나고 있었다[그림 7].

전통적인 회화의 지각방식은 화가의 눈을 통해 이미지가 인지되고 재현되었다. 15세기 원근법주의는 화가들의 시각을 통한 재현의 역사라고 할 수 있다. 즉 화가의 눈을 통해 비춰지는 세계를 손끝 화구를 통해서 이미지로 시각화(재현)하는 과정인 것이다. 회화는 작가의 시선과 표현이 고유의 가치를 가지며 예술이 가지는 아우라의 상징적 의미로 여겨졌다.

원작(原作)이란 원래의 작품, 즉 다른 매체 등으로 각색이 된 작품에 사용하는 말로써, 다른 매체(애니메이션, 영화, 만화, 소설 등)로 각색되지 않은 작품에는 원작이라는 말을 사용하지 않는다. 이러한 관점에서 회화의 역사를 살펴보면 다음과 같은 개념으로 미디어를 정의할 수 있다.

일반적으로 뉴미디어 등장은 비슷한 올드 미디어(원작)를 흉내 즉 복제하며 성장해 왔다. 초창기 사진기의 등장은 화가들의 직업을 위협하는 미디어이기도 했지만 회화를 원작으로써의 개념에 두고 복제하기 시작했다. 이러한 변화 속에 뉴미디어로써의 정체성 확립을 위해 사진은 다양한 문화적, 미학적 이론을 확립해 간다. 반면 회화는 다시 사진을 흉내 내기 시작하면서 미디어는 합성되고 재조합되어 가는 과정을 거쳤다.

카메라의 등장으로 회화는 원작으로써의 개념이 부여되며 전통적 의미와 규칙은 위기를 맞이한다. 즉 세계는 카메라의 눈을 통해 이미지가 시각화되고 재현될 수 있게 된 것이다. 따라서 원작에 대한 가치는 새로운 해석이 필요했고 화가들은 그들만이 표현할 수 있는 방법으로 추상미술이라는 가치를 만들어가야만 했다. 또한 영화라는 움직이는 이미지를 넘어 디지털 시대로 발전하면서 미디어의 이미지는 무한 복제되고 회화에서 처럼 원본의 아우라적 상징성은 소멸된다. 이로써 이미지의 시각화 과정은 컴퓨터라는 디지털 미디어를 통해 재편집되고 합성되면서 새로운 가치로써의 시각성을 형성해갔다.

1.2 시지각 체계와 프레임

[그림 8] '보기 – Vision'

시지각 체계는 '시각적 지각 체계(visual perception system)'라는 단순히 눈의 기능적 구조로 보지 않고, 인간이 시각 정보를 해석하고 의미를 구성하는 인지적 시스템(Visual Cognitive System)으로 본다는 뜻이다[그림 8]. 즉 인간이 시각 자극으로부터 의미를 해석·구성하는 근본 과정을 뜻한다. 미디어·디지털 문화 맥락에서의 [그림 4] '보기 – Vision'는 단순한 생리적 시각을 넘어, 인지적·정서적·문화적 해석을 포괄한다. 임 교수의 관점에서 시지각은 '프레임'의 진화와 밀접히 연결되며, 프레임은 무엇을 보게 하는 가 뿐 아니라 어떻게 이해하도록 유도하는가를 규정한다.

[그림 9] 프레임의 개념과 확장

프레임은 현실과 재현 사이를 매개하는 경계로서 관찰자의 시점을 안내하고, 시각의 문화적 맥락을 형성한다. 회화와 영화와 같은 전통 매체에서 프레임은 이미지를 담는 고정적 공간 한계로 작동했다. 그러나 디지털 미디어에서 프레임은 물리적 경계를 넘어 유동적·인터랙티브·확장형 구조로 전환되며, 가상공간·사용자 참여·실시간 피드백을 포괄한다. 그 결과 디지털 시대의 '보기'는 수동적 관찰을 넘어 인지와 상호작용이 수렴하는 능동적 참여 과정이 된다[그림 9].

'프레임 확장론'은 현대 미디어아트가 관찰자와 대상 사이의 전통적 경계를 해체하고, 프레임을 경험의 인터페이스로 변환함을 설명한다. 이때 시지각은 단순 감각 입력이 아니라, 기술·문화·인간 창의성에 의해 조직되는 동적 의미 생성 시스템으로 기능한다. 따라서 시지각 체계는 생물학적 메커니즘이자 문화적 틀로서, 인간이 미디어를 통해 현실을 경험·표상하는 방식을 지속적으로 재정의한다.

1.3 시각(Vision)과 시각성(Visuality)

시각과 시각성에 관한 논의는 다양한 관점에서 이해될 수 있다. 일반적인 관점인 '눈을 통해서 본다(vision)'라는 사회적 사실로써의 담론적인 시선(Discourse)으로 규정하고 있다. 이러한 본다는 것에서의 구분에 의거해 드러나는 시각과 시각성의 차이를 포스터는 시선의 메커니즘(mechanism)속에서 나타나는 역사적인 테크닉들과의 관계 속 차이로 본다.

[그림 10]은 생리적인 현상으로써의 '시각'과 '사회적 패러다임(visuality)'으로써의 '시각성'으로 이해할 수 있다. 미국의 현대미술 사학자이자 비평가인 핼 포스터(Hal Foster)는 "시각과 시각성"이라는 책에서 이 두 가지 개념을 vision과 visuality로 구분한다. 그는 우선 시각(vision)을 신체적인 작용으로써의 시선(sight)으로 시각성(visuality)은 사회적 사실로써의 담론적인 시선(Discourse)으로 규정하고 있다. 이러한 본다는 것

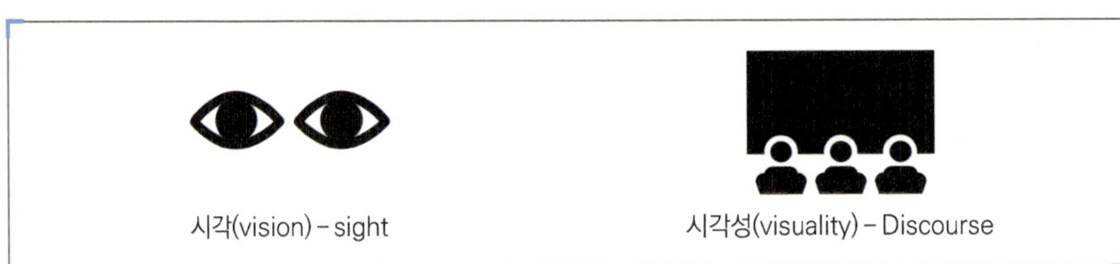

[그림 10]

에서의 구분에 의거해 드러나는 시각과 시각성의 차이를 포스터는 시선의 메커니즘(mechanism)속에서 나타나는 역사적인 테크닉들과의 관계 속 차이로 본다.

즉 본다는 것의 의미를 단순히 보는 주체와 보이는 대상으로써의 물리적 시각의 현상뿐만 아니라 그것들이 위치하는 사회적, 역사적, 문화적 맥락, 특히 어떤 시대 권력과 관계하여 형성되어 있는 시각체계와 관여하고 있다는 것이다. 그러한 맥락에서 시각 즉, 대상을 본다는 것은 우선 대상을 구조적인 관점에서 지각(知覺)하고, 직접적인 지각 경험에 의해서 새로운 의미를 발견하게 되는 인지(認知)과정을 의미한다. 그것은 인간의 시각이 물체 및 공간을 지각하는데 있어서 시각적 자극을 기존의 경험과 연관시켜 인식하고, 판단하는 시지각 능력까지를 포함한다.

'시각(Vision)'은 인간이 외부 세계를 인식하는 감각적 창이자, 빛과 형태를 통해 정보를 받아들이는 생리적 체계이다. 그러나 '시각성(Visuality)'은 단순히 눈으로 보는 행위를 넘어, 문화와 기술, 사회적 맥락 속에서 형성된 '보는 방식'을 의미한다. 즉, 시각은 개인의 감각적 경험이라면, 시각성은 시대가 규정한 인식의 구조이다[그림 11].

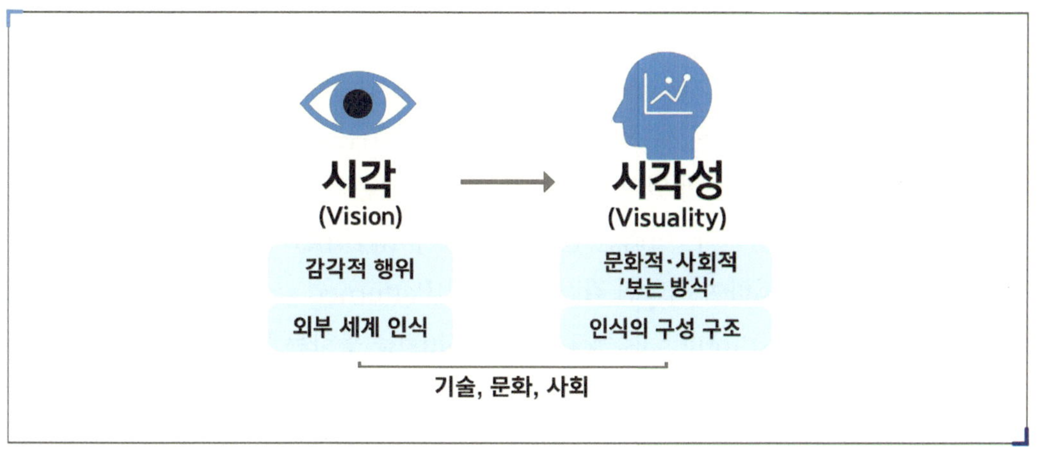

[그림 11] 헬 포스트 '시각과 시각성'의 정의

르네상스 이후의 서구 예술에서 시각은 과학적 원근법(perspective)에 의해 통제되고 구조화되었다. 원근법은 세상을 하나의 고정된 시점으로 바라보게 만들었고, 이는 인간 중심적 세계관을 강화했다. 그러나 동시에, '무엇을 보여주고 무엇을 감출 것인가'를 결정하는 시각적 권력의 구조(visual power)를 낳았다. 이러한 의미에서 시각성은 단순한 시각 기술이 아니라 사회적 이데올로기와 문화적 규범이 결합된 인식 체계라 할 수 있다.

따라서 시각성과 프레임을 '확장된 시각의 구조'(Expanded Frame of Vision)로 설명하고자 한다. 전통적인 회화의 시각은 정지된 공간 안에서 세계를 해석했지만, 영화의 시각은 시간성과 서사를 결합하여 움직이는 세계를 표현했다.

오늘날 디지털 미디어의 시각성은 네트워크와 상호작용, 인공지능을 기반으로 하여 '참여형 시각성(Participatory Visuality)'으로 발전하였다. 이러한 시각성은 관객이 더 이상 수동적인 감상자가 아니라 시각 경험의 공동 창조자(co-creator)로서 작동하게 한다. 즉, 시각(Vision)은 인간의 감각을 통해 세계를 '보는 행위'이며, 시각성(Visuality)은 기술과 문화, 사회적 환경 속에서 '보는 행위가 어떻게 구성되는가'를 규정하는 구조이다. 또한 디지털 문화콘텐츠 시대의 시각성은 물리적 화면의 경계를 넘어, 가상공간과 인간 인식이 융합된 '프레임 확장적 시각 경험'으로 진화하고 있다. 이는 곧 시각이 단순한 감각이 아니라, 문화적 인식이자 창조적 사고의 과정임을 보여준다.

1.4 시지각(視知覺)이란?

시각 즉, 대상을 본다는 것은 우선 대상을 구조적인 관점에서 파악하고, 그것에 관한 직접적인 지각 경험에 의해서 새로운 의미를 발견하게 되는 과정을 의미한다. 또한 인간이 물체 및 공간을 지각하는데 있어서 시각적 자극을 기존의 경험과 연관시켜 인식하고, 판단하는 능력까지 포함한다. 이러한 관점에서 시지각(視知覺)이란 인간이 사물을 지각함에 있어서 형(形)에 의하여 지각된 감각들이 집합(Patterned set sensations)자극과 대립되는 자극들의 집합(stimulus vs. set of stimulus)을 뜻하는 말이다. 즉 관찰자가 눈을 통하여 대상을 볼 때 대상의 시각적 특징들로부터 정보를 얻고 범주화하고 분류하여 선택하는 과정을 말한다.

스테펜(Stephen)에 의하면 "시각적 요소 중 크기, 형태, 공간, 색상은 매우 중요한 비교요소라고 하였고,[1] 웡(Wong, 1994)은[2] 형, 크기, 위치, 색채는 개념적 요소가 눈을

---

1) Hogbin Stephen. Appearance & Reality : a visual handbook for artists, designer, and makers : Australia, Cambium Press, 2000, pp. 27-31.

2) 우시우스 웡. 최길렬.『디자인과 형태론』, 도서출판 국제, 1994, p. 43.

통해 가시화 될 때 가장 중요한 부분을 차지한다[3]고 하였다. 즉 [그림 1]와 같이 관찰자가 눈을 통하여 대상을 볼 때 대상의 시각적 특징들로부터 정보를 얻고 그것을 범주화하고 분류하여 선택하는 과정을 말한다. 그것은 인간의 다양한 감각들 각각에 대한 반응을 의미하는 것이 아닌 시각적 자극을 인지하고 그것을 구별하며 이전의 경험들과 지각들이 서로 연결됨에 따라 일어나는 자극들을 이해하는 능력[4]이다.

일반적으로 우리의 눈은 주어지는 자극이나 정보에 대해 수집, 조절, 판단, 해석하는 과정에서 선행 경험에 비추어 적절한 수행을 이끌도록 돕는데 그러한 과정을 시지각 능력(Visual Perception) 또는 시지각(視知覺)이라고 한다. 즉 시각적 자극을 인지(認知)하고 구별하며 이전의 경험들과 지각(知覺)들이 연결됨에 따라 일어나는 자극들을 이해하는 능력이라 할 수 있다. 또한 관찰자가 눈을 통하여 대상을 볼 때 들어오는 정보를 그 중요도에 따라 대상의 시각적 특징들로부터 정보를 얻고 범주화하고 각각의 요소들을 분류하여 선택하는 과정까지를 시인지 기능(Visual cognition)이라고 말한다.

스테펜(Stephen, 2000)은 시각적 요소 중 크기, 형태, 공간, 색상이 중요하다고 주장하며, 웡(Wong, 1994)은 형, 크기, 위치, 색채가 개념적 요소가 가시화될 때 가장 중요한 부분을 차지한다고 한다. 즉 시지각은 [그림 12]와 같이 관찰자가 시각적 자극을 통해 정보를 얻고, 이를 범주화 및 분류하여 선택하는 과정이다. 이는 시각적 자극을 인지하고 구별하며, 이전 경험과 지각을 연결하여 자극을 이해하는 능력을 의미한다.

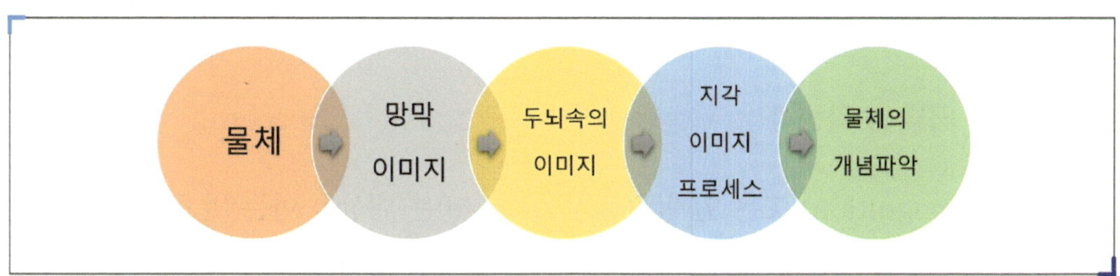

[그림 12] 시지각 과정

인간의 시지각 과정을 살펴보면 1 - 감각(sense), 2 - 지각(perception), 3 - 인식(cognition)이라는 시각정보처리 과정의 3단계로 나눠 볼 수 있다. 1 - 감각은 '생리적

---

3) 함혜연, 「모션 그래픽 움직임의 시지각 효과 연구」, 2004, p. 25,

4) 정양은, 『심리학 통론』, 법문사, 1984, pp. 385 - 418.

과정'이고 2 - 지각은 '사물을 의식하는 과정'이며 3 - 인식은 '사물을 과거의 경험에 비추어 판단하는 과정'이라 할 수 있다. 따라서 시지각은 시각과 시각성을 통해 현대적 매체를 이해하는 원리로써 중요한 요소이며 전통적인 시각을 이해하는 관점과는 다른 의미로써 해석되어 진다.

존 버거는 '본다'라는 시각에 관해 다음과 같이 논의하였다.

> 우리가 한 사물에 시선을 준다는 것은 대상과 우리 자신의 관계를 바라다보는 것이다. 인간의 시선은 끊임없이 살아 움직이기 때문에 사물을 그것 하나로 인식하는 것이 아니라 그것을 둘러싸고 있는 주변대상과 관계 지움으로써 인식하게 된다.
>
> [John Berger, 『본다는 것의 의미』, 박범수(역), 서울 : 동문선, 2000, p, 242.]

본다는 것은 복잡한 시스템으로 구성되어 있으며, 이 시스템이 작동하여 하나의 의미 있는 흐름을 만들어낸다. 시각은 인간의 감각 중 가장 발달된 감각으로, 사물을 인지하는 데 가장 중요한 역할을 한다. 정상적인 상태에서 사물을 인지하는 과정에서 외부로부터 얻는 정보의 약 70%는 시각을 통해, 20%는 청각을 통해, 나머지는 촉각을 통해 받아들여진다. 즉 시각이 신경작용을 통해 대상을 본다면, 시지각은 새로운 정보의 상호작용을 통한 총체적이고 감각적인 경험으로 볼 수 있다.

1.5 인식의 개념과 과정(The Concept and Process of Perception)

인식(認識, cognition) 또는 인지(認知, cognitive)는 대상을 아는 일 즉 어떤 대상을 인정하여 아는 것을 말한다. 좀 더 구체적으로 구분하면 인식(認識, cognition)은 '사물을 과거의 경험에 비추어 분별하여 판단하는 과정'이며 인지(認知, cognitive)는 '어떤 사실을 인정하여 아는 것'으로 지능의 평가 토대가 되며 개인의 정서와도 매우 밀접한 관련을 가진다. 심리학이나 다른 관련 분야에서는 인식과 인지가 서로 같은 용어로 사용되며 인지로 번역되는 경우가 많다. 예를 들어 인지과학(cognitive science)이나, 심리학의 한 분야인 인지심리학(cognitive psychology)으로 번역된다. 인식(또는 인지)은 자극을 받아들이고, 저장하고, 인출하는 일련의 정신 과정으로 지각, 기억, 상상, 개념, 판단, 추리를 포함하여 무엇을 안다는 것을 나타내는 포괄적인 용어로 쓴다.

반면 세부적인 특성을 살펴보면 감각으로부터 쌓은 경험 지식인 정보를 통해 아는 것을 인지라고 하는데 자신에게 날아오는 공을 보면서 시각적 자극을 통해 맞으면 아프다는 생각이 형성되는 것을 인지라고 하고 피해야 한다는 판단은 인식이다. 즉 인식은 사물 또는 관념 등에 대해 명확하게 구별 또는 식별하는 것을 말한다.

'인식(Perception)'은 단순히 외부 세계를 감각적으로 받아들이는 행위가 아니라, 감각 정보가 해석되어 의미로 전환되는 인지적 과정이다. 인간은 시각, 청각, 촉각 등 다양한 감각을 통해 대상을 지각하지만, 그것이 곧 이해나 판단을 의미하지는 않는다. 지각된 정보가 '의미'로 전환되기 위해서는 해석과 경험, 기억, 문화적 맥락이 함께 작용해야 한다. 즉, 인식은 감각과 사고, 문화와 기술이 결합된 총체적 의미 구성 과정이다.

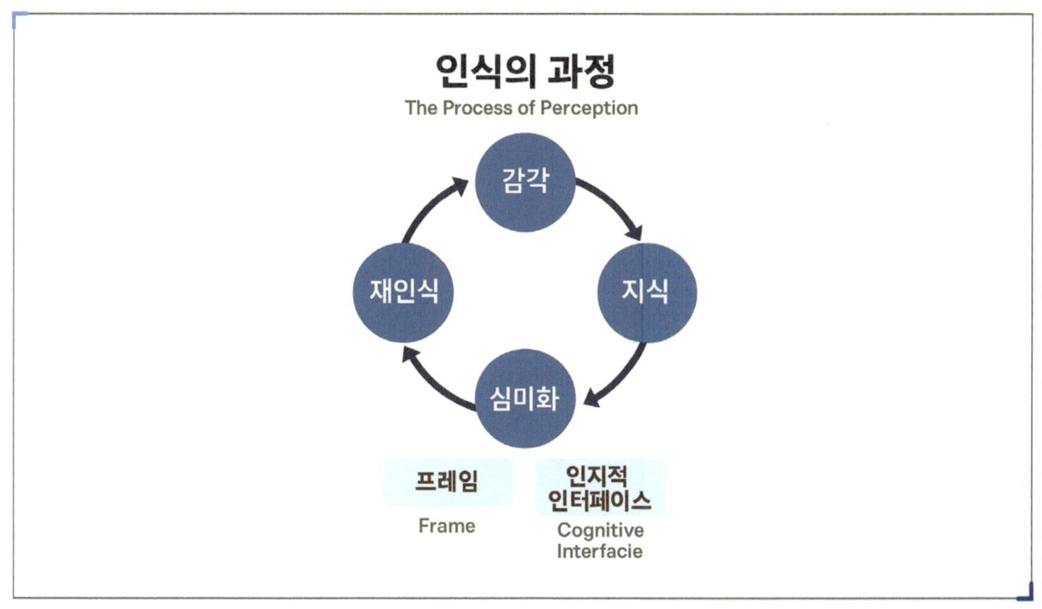

[그림 13] 인식의 과정

인식은 "지각(perception)에서 의미(meaning)로의 변환 과정"으로 정의하고자 한다. 인간은 시각을 통해 단순히 사물을 보는 것이 아니라, 그 안에서 가치와 상징, 감정의 의미를 구성한다. 이때 '프레임(Frame)'은 인식의 경계이자 틀로 작용한다. 무엇을 보고,

어떻게 해석하며, 어떤 관점에서 이해할 것인지를 결정짓는 문화적·인지적 장치가 바로 프레임이다.

과거의 회화나 사진에서는 프레임이 물리적 경계를 의미했다면, 오늘날의 디지털 환경에서는 프레임이 인지적 인터페이스(cognitive interface)로 변화하였다. 사용자는 디지털 화면을 통해 정보를 선택하고, AI 알고리즘은 그 선택을 분석하여 다시 시각적 이미지를 제시한다. 이 과정에서 인간의 인식은 더 이상 수동적 수용이 아니라, 기술과 상호작용하며 새로운 의미를 생성하는 창조적 과정으로 확장된다. 결국 인식은 감각적 수용에서 출발하여, 사유(thought), 해석(interpretation), 재구성(reconstruction)을 거쳐 완성되는 지속적 순환 구조이다. 이 순환 속에서 인간은 미디어를 통해 세상을 '그대로' 보는 것이 아니라, '프레임을 통해 재구성된 세계'를 인식하게 된다.

요약(Summary)

인식은 감각을 통해 세계를 받아들이고, 사고를 통해 의미를 재구성하는 인지적 프레임의 과정이다. 디지털 시대의 인식은 더 이상 수동적 수용이 아니라, 인간과 기술이 상호작용하며 의미를 창조하는 확장된 인식 구조로 발전하고 있다.

2. 근대적 시각체계

시각은 단순한 물리적 행위가 아니라 인지와 해석을 포함하는 복잡한 과정이다. 핼 포스터는 시각이 시선(sight)을 연상시키며, 시각과 시각성의 차이는 시각적인 것 내에서의 차이를 가리킨다고 설명한다.

[Foster, Hal, 『시각과 시각성』, 최연희 역, 경성대학교 출판부, 2012, p. 7].

우리의 눈은 주어지는 자극이나 정보에 대해 수집, 조절, 판단, 해석하는 과정에서 선행 경험에 비추어 적절한 수행을 이끌도록 돕는 과정을 시지각 능력(Visual Perception)이라 했다.

이러한 개념에서 형성되는 시지각의 능력을 라깡은 4가지의 시선도해(이미지 도판)로 체계화하여 설명하였다.

〈표 1〉 시지각 체계 도판을 살펴보면 우리의 전통적 시지각 체계는 Gaze 1 - 원근법형, Gaze 2 - 카메라 옵스큐라형, Gaze 3 - 응시형, Gaze 4 - 파노라마형의 4가지 시각체계로 분류하였다. 이러한 시각체계는 보여지는 대상으로써의 프레임과 보는 주체로써의 시선과의 관계를 통해 시선의 주체와 프레임을 연결하는 형태로 이미지화 하였다.

시각적 경험은 지식과 믿음에 의해 매개되며, 사회적이고 역사적인 맥락에 따라 달라진다. 특정 시대나 사회는 사람들이 세상을 바라보는 시각 방식을 규정하며, 이러한 인식을 토대로 성립된 개념이 "시각양식"이다. 시각양식은 개인을 특정한 방식으로 보는 주체로 구성하는 사회적 방식을 의미한다. 특정 사회나 시대에서 특정한 시각양식이 지배하는 현상을 '시각체제(계)'라고 하며, 이는 "시각의 정치학"을 포함한다. 따라서 현대성의 시각 체제를 이해하려면 현대 사회, 역사, 문화의 전반적인 맥락을 알아야 한다. 이는 디지털 문화의 발전으로 인해 이미지의 사회적 역할과 역사적 위치가 변화하고 있기 때문이다. 따라서 21세기 디지털 시대의 특성을 표현할 수 있는 새로운 시각체계가 필요한 이유이다.

〈표 1〉 시지각 체계 도판

Gaze 1	Gaze 2	Gaze 3	Gaze 4
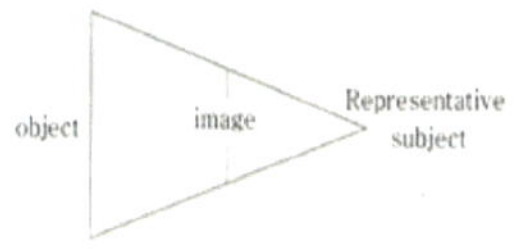 object / image / Representative subject	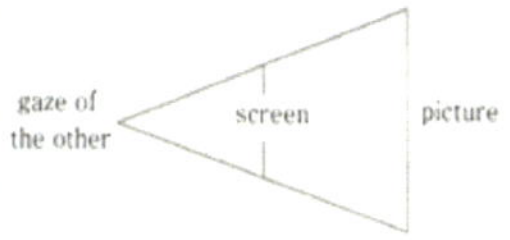 gaze of the other / screen / picture	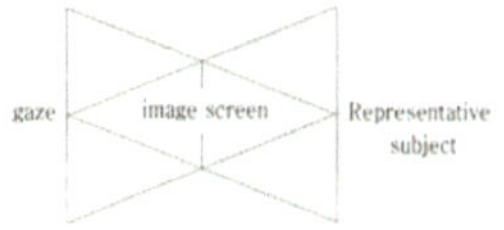 gaze / image screen / Representative subject	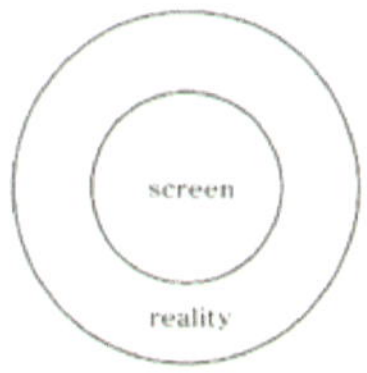 screen / reality

프레임(Frame)은 필름(cell)을 지칭하기도 하지만 화면구성에서의 프레임은 화면의 사각 테두리를 지칭한다. '프레임(cadre)'은 라틴어의 'quadratum'에서 유래되었고 정사각형(carré)을 의미한다. 또한 '프레임(Frame)'은 물리적 관점에서 미디어에 의해 설정되는 시각경계를 의미하며, 인간의 육안으로 확인할 수 있는 이미지 정보의 단위이다. 즉 [그림 14] 프레임의 개념에서처럼 어떤 회화 작품을 바라볼 때 우리는 회화와 액자 전체를 지각한다. 따라서 액자 틀을 바탕으로(바깥)하고 예술작품을 형태(안)로 하여, 액자 틀의 이미지와 예술 작품의 이미지를 융합한 전체적 이미지로 지각하는 것이다.

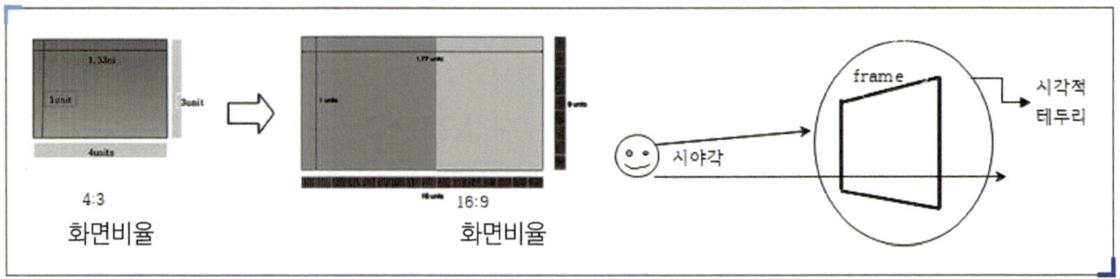

[그림 14] 프레임의 개념

데이비드 보드웰의 논의에 따르면 화면 구성적 관점에서 프레임을 '화면 내 상황의 크기를 제어하고 이해하는 정도에 관해 영향을 미치는 사각의 테두리'라고 하는 영역의 경계개념으로 해석하였다. 이것은 어떤 방식이나 이미지가 재현되는 대상으로써 형태적, 물리적 개념과 공간적 범주로써의 경계개념을 뜻한다. 그것은 현실과 구분되는 이미지 영역이며 회화나, 사진, 영화, 텔레비전 그리고 컴퓨터 모니터에 이르기까지 미디어에 따라 다양하게 공간을 규정해 왔다.

또 다른 관점에서는 프레임을 세상을 바라보는 통로로 인식하는 심리학적 해석으로 "열린 마음을 통해 세상 또는 대상의 사물을 바라본다"라는 의미의 인지적 관점으로서 해석할 수 있다. 어떤 문제를 바라보는 관점, 사물에 대한 은유, 세상에 대한 긍정적 혹은 부정적 비유, 사람들에 대한 고정관념 등이 모두 프레임 뜻에 속한다.

데리다는 회화 이미지에서 '액자'와의 관계를 에르곤과 파레르곤을 통해 해체적 특성으로써 표현한다. 그는 액자라는 파레르곤을 '경계 그 자체'임에 주목한다. 예술 작품 자체가 하나의 파레르곤, 즉 안팎의 경계를 갖지 않는 모호한 성격을 지닌다고 하였다.

이런 맥락에서 루돌프 아른하임은 "19세기에 그림의 틀로써 프레임에 관해 논하였다. 전통적 회화의 프레임이 형상적 기능으로써 두껍고 넓은 틀을 사용하였고, 이미지 속의 내용은 표현 세계로써, 벽면은 현실세계로써 분리시켜 형상적 성질을 강화시켰다. 이후 현대에 오면서 표현과 현실세계의 간격을 좁힘으로써 틀이 없어지거나 얇아지기도 한다"라고 회화적 관점의 논의를 통해 프레임의 안과 밖의 관계를 설명하고자 하였다.

근대의 시각체계는 인간의 인식이 기술적 매개와 결합하며 '객관적 재현'을 추구하던 시기를 상징한다. 르네상스 시대 이후, 시각은 단순한 감각 행위를 넘어 '과학적 관찰과

합리적 구성의 도구'로 변화하였다. 이 시기 미디어의 발전은 '보는 방식(visuality)'을 근본적으로 재편하였으며, "시각의 프레임이 기술에 의해 확장되기 시작한 시점"이었다.

베르메르 〈진주 귀걸이를 한 소녀〉 (Girl with a Pearl Earring), 1665

라파엘로, 〈성모의 결혼〉, 1504 http://www.catholictimes.org/article/article_view.php?aid=184042

한스 홀바인, 〈대사들〉, 1533 http://www.artspace.com/magazine/art_101/book_report/pope-art-53138

[그림 15] 근대적 시각체계의 반론들

근대(近代, late modern period)는 일반적으로 산업혁명 이후인 18세기, 19세기부터라고 본다. 1860년대부터 1910년대의 근대 사회는 세습적이고 폐쇄적인 권위주의가 거부되고, 사상과 행동의 자유가 보장되는 사회를 말한다. 또한 경제적으로는, 자본주의 사회의 성립을 뜻하기도 한다. 근대적 시각체계는 일명 데카르트의 원근법적 시각체계로 투시도법을 기반으로 형성된 시각체계이며 주체의 존재론적 확실성에 기초한 인식론 체계를 말한다. 그러한 관점에서 근대적 시각체계의 특징을 정리해 보면 다음 3가지로 정의된다.

1. 투시법을 통해 바라보는 시각체계
2. 주체의 존재론적 확실성에 기초한 인식론적 체계
3. 보는 이의 눈을 중심으로 세계에 대한 명료한 시각장을 형성하는 시각체계로 본다.

시각은 주체와 대상을 매개하는 하나의 장치이며 근대에 발명된 '원근법'이라는 강력한 시각의 인식장치는 지금까지의 인간의 시각 인식 체계를 지배하고 있다. [그림 15]는 근대적 시각체계의 반론들로써 근대적 시각체계에 대한 비평과 전통적 시각의 재개념화에 관한 논의가 일어나기도 하였다. 자크 라캉(Jacques Lacan)은 근대적 시각체계를 고정적인 기표들의 의미망으로 설명했다. 라캉의 시각체계는 시선과 응시에 대한 현대적 해석으로, 현대회화, 건축, 디지털 시각성 등 다양한 분야에서 활용되고 있다. 본 장에서는 이러한 근대적 시각체계의 3가지 특징과 의미를 논의해 보고자 한다.

2.1 원근법적 시각체계(Perspective Visual System)

르네상스의 원근법(perspective)은 근대적 시각체계의 출발점이다. 이 체계는 세상을 하나의 고정된 시점(one-point perspective)에서 재현하며, 화면 속 모든 요소를 관찰자의 시선 중심으로 배열했다. 이로써 세계는 '관찰 가능한 질서'로 구조화되었고, 시각은 객관적 사실의 재현으로 간주되었다. 그러나 이러한 시각 구조가 단순히 기술적 발전이 아니라, 인간 중심적 사고(human-centered cognition)를 제도화한 결과라고 본다. 즉, 원근법은 인간이 세계를 통제 가능한 대상으로 바라보게 만든 '시각적 권력(visual power)의 시작'이었다. 이 시각체계는 이후 사진, 영화, 디지털 그래픽에 이르기까지 '시점(Point of View)' 개념의 근본적 기초를 제공하였다.

15세기 원근법은 건축가 필립포 브루넬레스키의 실험을 통해 기하학적으로 발전했다. 당시 시민들에게는 리얼리즘 효과로 인해 마법 같은 환영주의(Illusionism)로 보였다. 원근법적 시각체계는 알베르티의 〈회화론〉에서 본격적으로 체계화되었다. 환영주의는 원근법 이전의 지오토부터 원근법을 활용하기 시작한 다빈치까지 현전성을 중심으로 한 재현의 역사를 의미한다.

원근법의 시각체계〈표 2〉는 알베르티에 의해 논의되었으며, 주요 특징은 다음과 같다:

1. **빛과 색** : 빛이 물체에 닿아 사람의 눈이나 카메라에 인식되는 과정을 통해 사물이 파악된다. 빛의 파장은 물체나 표면에 따라 다양하게 변화하며, 광선은 사물을 인식하는데 중요한 요소로 작용한다.

2. **소실점** : 평면의 소실점은 2차원의 평면에서 3차원의 입체성을 획득하는 것과 연결된다. 피라미드 형태의 시각적 도해가 소실점과 연결되어 관람자와 작가의 위치를 상정하며, 입체감 획득의 중요한 요소로 작용한다. 소실점은 주체의 시점을 나타내

며, 모든 위치는 지평선, 수직축, 소실점과의 관계 속에서 의미화 된다.

3. **투명한 창** : 광선과 소실점이 충족되면, 원근법의 화면은 관람자가 대상을 파악하는 '창'으로 여겨지며, 이는 화면 너머의 공간을 '통해서 보기'라는 원근법의 어원에서 비롯된 개념이다.

〈표 2〉 원근법적 시각성 특징

원근법의 시각성 도판	눈의 시선	관람자의 위치	프레임(몰입)
빛 / 창 / 주체	빛 중심을 향해 바라봄	선 원근법 – 그물망(velo) 소실점 – 고정적 주체(작가)의 시선	투명한 창

2.2 카메라 옵스큐라적 시각체계(Camera Obscura Visual System)

카메라 옵스큐라(Camera obscura)[그림 16]는 사진의 역사를 이야기할 때 가장 먼저 등장한다. '어두운 방'이라는 뜻을 가지고 있고 그림을 그리기 위해 사용된 광학 장치며 사진술의 전신이다. 기본 원리는 어두운 방의 작은 구멍을 통해 들어온 빛이 반대편 벽에 상을 거꾸로 맺히게 하는 것이다. 유클리드, 아리스토텔레스, 로저 베이컨, 레오나르도 다빈치 등 다양한 사상가들이 이 장치를 언급했다. 15세기에 원근법이 이론화된 후, 17~18세기 예술가들은 카메라 옵스큐라를 사용해 실제와 거의 똑같은 그림을 그렸다. 이후 사진기와 시네마토그라프가 발명되기 전까지 카메라 옵스큐라는 서구의 기술적, 이데올로기적 발전의 일부분으로 여겨졌다.

17세기 이후 등장한 카메라 옵스큐라(Camera Obscura)는 시각을 '기계적으로 재현할 수 있다'는 새로운 사고를 낳았다. 어두운 방 안의 작은 구멍을 통해 외부의 빛이 들어와 거꾸로 투사되는 이미지 원리는, 인간의 눈을 닮은 기계적 시각 장치(mechanical vision)였다.

이를 "기술적 시각성(technological visuality)"의 시초로 본다. 카메라 옵스큐라는 인간의 관찰을 기계적 시스템으로 전환시켜, 시각을 감각이 아닌 데이터화 가능한 정보의 형태로 인식하게 했다. 이로써 보는 행위는 감정이 배제된 객관적 시각 행위로 변화했고, 관찰자는 더 이상 참여자가 아니라 외부 세계를 측정하는 주체로 자리 잡았다. 이 시각체계는 이후 사진(photo-graphy)의 발명으로 이어져 현실의 순간을 포착하는 재현의 시각 문화(visual culture of representation)를 발전시켰다.

[그림 16] 카메라 옵스큐라의 원리

사진 출처 : 워드프레스

http://wordoriginstories.wordpress.com/tag/camera-obscura/

데카르트(프랑스의 철학자, 수학자, 과학자, 근대철학의 아버지)는 카메라 옵스큐라를 개인이 외부 세계를 인식하기 위한 내적 공간으로 설명하며, 외부로부터 분리된 안전한 공간에서 객관적으로 바라보는 것이 중요하다고 강조했다. 그러나 조나단 크래리(콜럼비아 대학교의 고고미술사학과 부교수로 재직중)는 〈관찰자의 기술(Techniques of the Observer)〉에서 카메라 옵스큐라가 외부 세계에 대한 내부화된 관찰자의 위치를 정의하는 것이지, 원근법의 2차원적 재현을 정의하는 것은 아니라고 지적했다.

카메라 옵스큐라는 대상의 외부와 내부를 연결해 움직임의 실재성을 보는 주체에게 시각을 제공하며, 외눈 조리개를 통해 양안보다 더 완벽한 시각을 구현했다. 당시 사람들은 카메라 옵스큐라가 원근법보다 진정한 리얼리즘을 표현한다고 믿었으나, 크레리는 결과물을 수용하는 주체의 신체가 여전히 장치의 외부에 위치해 있어 원근법과 크게 다르지 않다고 주장한다. 데카르트는 옵스큐라를 통해 순수하고 객관적인 관찰을 가능하게 하려 했지만, 옵스큐라는 단안 장치로서 감각적 경험을 무시하고, 기계적이고 형이상학적인 시각을 상정하며, 불규칙하고 단속적인 움직임을 반영하지 않는다〈표 3〉.

〈표 3〉 카메라 옵스큐라적 시각성 특징

원근법의 시각성 도판	눈의 시선	관람자의 위치	프레임(몰입)
구멍 (단안) 벽	기계를 통해 고정된 눈(단안) – 퍼져나가는 빛	객관적 조망 내부에 위치 (외부 세계에 대한 인지자)	평면, 폐쇄적, 어둠속 비어 있음 탈 신체화

2.3 파노라마적 시각체계(Panoramic Visual System)

19세기 산업혁명 이후, 시각의 패러다임은 다시 확장되었다. 카메라 옵스큐라의 시각체계 이후, 파노라마 시각은 기술적 재현의 진보를 이루었다. 파노라마는 세계를 한눈에 바라보고자 하는 욕망을 반영하며, 르네상스 원근법의 사실적 공간을 확장한다. 파노라마는 3차원의 입체감을 제공하는 도구로, 관람자가 시각 축을 중심으로 회전하며 그림의 총체를 구성한다. 파노라마(Panorama)는 인간의 시선을 한 점에 고정시키지 않고, 공간 전체를 감각적으로 체험하게 하는 시각 구조를 제시했다. 이러한 시각적 경험은 프레스코 벽화와 스크린 영상작업 등에서 나타나며, 360도 3차원 공간 구현은 과거부터 현재까지 지속된 행위로, 가상현실의 역할을 이미 수행하고 있다〈표 4〉.

원형 극장이나 대형 스크린에 펼쳐진 파노라마 회화는 관람객에게 '그 안에 들어가 있는 듯한 현실감'을 제공했으며, 이는 오늘날 실감형 미디어(Immersive Media)의 원형으로 평가된다. 파노라마는 "시각의 몰입 구조(immersive structure of vision)"로 정의할 수 있다. 이 시각체계는 단일한 시점의 통제에서 벗어나, 다수의 시선이 동시에 작동하는 다중 시점(multi - perspective)의 개념을 열었다. 이는 후일 VR, AR, 360°영상 등으로 이어지는 '체험 중심 시각성(Experiential Visuality)'의 기초가 된다.

〈표 4〉 파노라마적 시각성 특징

원근법의 시각성 도판	눈의 시선	관람자의 위치	프레임(몰입)
관람자 그림	스스로의 시각 축을 중심으로 회전	환영적 공간 - 소실점 - 주체적 시선이 이동됨. 객관적 관찰자로 인식 - 내부에 있음	360도 3차원 공간 가상체험 신체의 움직임, 원근법과 옵스큐라적 관점이 상호작용하는 특징

파노라마 시각은 관람자가 그림 속 가상의 공간에 몰입하게 하며, 시각적 축의 회전을 통해 시선이 계속 이동한다. 관람자는 스크린 속에 있지만, 시각 주체의 변화를 통해 자신이 관람자로서 바라보고 있음을 인식하게 된다. 파노라마 시각은 원근법과 옵스큐라 시각체계의 상호작용을 통해 가상현실을 부분적으로 경험할 수 있는 환경을 조성하며, 볼프강 켐프는 이를 "현존의 공간(A Space OF Presence)"이라고 표현했다.

근대의 시각체계는 인간의 눈을 기술이 대체하기 시작한 시기이다. 원근법이 '시점의 통제'를, 카메라 옵스큐라가 '기계적 재현'을, 파노라마가 '몰입과 다중 시점'을 제시함으로써, 시각은 감각에서 인식으로, 인식에서 체험으로 진화하였다.

〈표 5〉 디지털 시각체계도

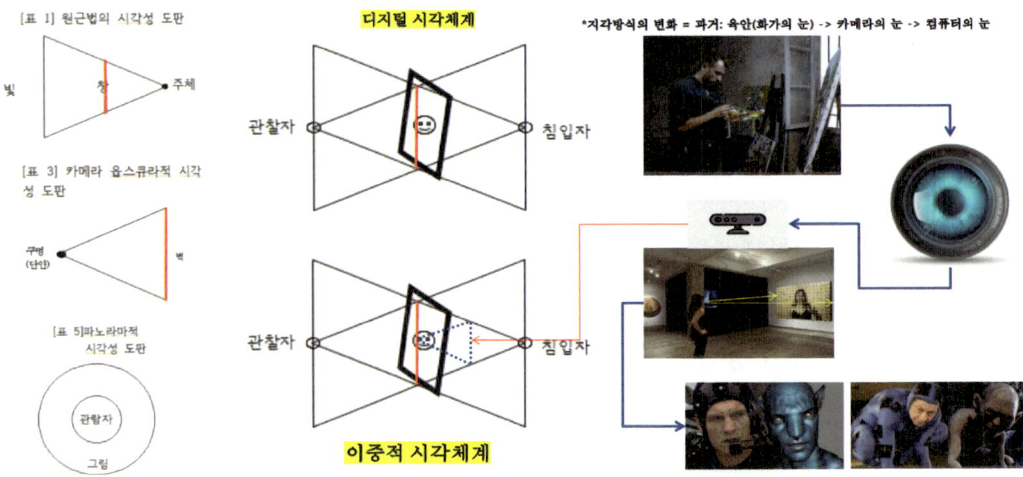

3. 문명의 시작과 기록매체
(Beginning of Civilization and Recording Media)

문명의 역사는 인간이 사고를 기록하고 시각화하는 행위에서 시작된다. 인류가 동굴 벽에 그림을 남겼을 때, 그것은 단순한 장식이 아니라 상징적 소통의 매개체였다. 이 초기의 회화적 소통은 시각 언어(visual language)의 기원으로, 이미지와 의미가 결합된 인식의 표현이었다. 사회가 복잡해지면서 상징은 문자로 발전하였고, 구어(口語)는 시각적 표상체계를 획득하였다. 이 과정은 인간의 인지와 매체기술이 처음으로 연결된 시점이며, 개인의 기억을 넘어 지식을 외부에 저장하는 첫 미디어의 탄생을 의미한다.

Key Concept | 핵심 개념

Visualization of language externalized human thought and became the foundation of civilization.
언어의 시각화는 인간의 사고를 외부화하여 문명의 기초를 마련했다.

출처 - 위키백과: https://ko.wikipedia.org/wiki/세계_4대_문명 [그림 17]

문명(文明, civilization)은 고도로 발달한 인간의 문화와 사회를 말한다. 즉, 인류가 이룩한 물질적, 기술적, 사회 구조적인 발전. 자연 그대로의 원시적 생활에 상대하여 발전되고 세련된 삶의 양태를 뜻한다. 인류 문명의 시작은 기원전 약 4,000년경에 발생한 것으로 추정한다. 세계에서 가장 먼저 문명이 발생한 대표적인 4곳은 이집트, 메소포타미아, 인도, 중국 등의 나일 강 유역, 티그리스·유프라테스 강 유역, 인더스·갠지즈 강 유역, 황하 유역 등이다[그림 17].

문명은 인류가 이룩한 물질적, 기술적, 사회 구조적인 발전을 의미한다. 국가의 발전, 사회 계층화, 도시화 등이 문명의 예시이다. 반면 문화는 한 사회의 구성원들이 함께 누리는 가치 있는 삶의 양식 및 표현 체계를 의미한다. 언어, 예술, 종교, 지식, 도덕, 풍속, 제도 등이 문화의 구체적인 예이다.

문명의 발상지는 문자의 탄생지와 일치하며, 문자 체계가 정비된 시기에 그 나라는 통일되거나 부강해졌다.

3.1 문자의 시작

미디어의 관점에서 문자는 정보를 전달하는 1차적 매체로 간주한다. 문자는 언어를 기록하는 상징체계로, 음성 언어를 기록하는 구성체계이며 물리적인 흔적이므로 정보 저장과 전달 기능이 있다. 또한 문자는 발화와 동시에 사라지는 구어의 한계를 보강하기 위해 만들어졌다. 볼테르는 문자를 '목소리의 그림'이라고 표현했다. 문자의 역할은 인간 상호간의 의사소통을 담당하고 인류의 지식을 형태가 있는 방식으로 전할 수 있게 되었다. 이러한 문자의 역사를 살펴보자.

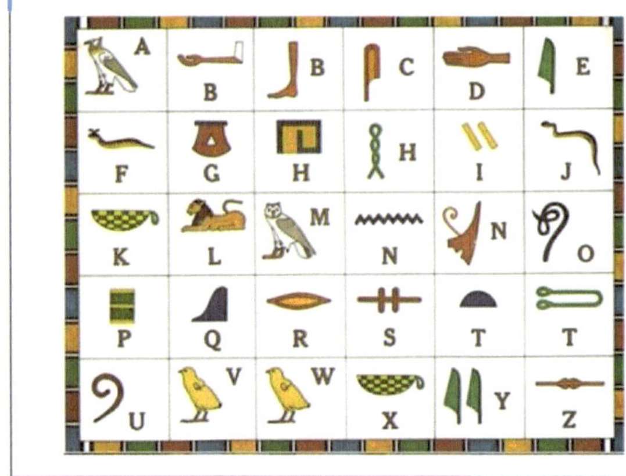

▲ 이집트 상형문자(신성문자)
[그림 18]

▲ 메소포타미아의 쐐기 문자(cuneiform) 또는 설형 문자(楔形文字)
[그림 19]

문자(文字, writing system)의 탄생은 언어를 기록하기 위한 상징체계로 문명과 문자는 함께 발생했다. 문자는 거의 대부분이 음성 언어를 기록하기 위한 방법으로 생겨나거나 형성되었다. 메시지를 전달하기 위한 미디어의 역할로써 문자와 구어(口語)는 둘 다 유용하다. 하지만 문자의 경우 정보의 저장과 전달을 시각적으로 기록하기 때문에 구어(口語)보다는 신뢰할 수 있다는 점에서 차이가 있다.

이집트 상형문자[그림 18]는 고대 이집트의 이집트 문명에서 사용된 문자로 신성문자(혹은 성각문자) 또는 '히에로글리프'라고도 한다. 상형문자로 분류되는 신성 문자(神聖文字, Hieroglyph)는 고대 이집트의 돌이나 나무에 새긴 (상형)문자를 지칭하는 낱말이다. 메소포타미아 일대에서 쐐기 문자가 퍼져나가는 동안, 이집트에서도 비슷한 과정을 거쳐 상형문자가 발생했다.

인류가 최초로 사용한 문자는 기원전 3천 년 경 메소포타미아 일대의 쐐기 문자라고 볼 수 있다[그림 19]. 쐐기 문자(cuneiform) 또는 설형 문자(楔形文字)는 수메르인들이 기원전 3000년경부터 사용했던 상형문자로, 현재까지 기록되고 발굴된 것 중에서 가장 최초의 문자이다. 시간이 지나면서 상형 문자적인 요소는 줄어들고 점점 추상화되었다.

문자의 구성을 살펴보면 각 글자들은 각종 동물이나 사물, 신체의 모습을 본뜬 형태를 하고 있다. 글자들은 3가지로 분류할 수 있는데 첫 번째는 소리글자(그 모습과 상관없이 단어의 소리를 나타냄), 두 번째는 의미 글자(Determinatives)(소리글자로 이루어진 단어의 맨 뒤에 붙어 그 단어의 뜻을 결정), 세 번째는 소리 - 의미 글자(Ideograms)(그 자체로 소리와 의미를 모두 가짐)이다.

문자는 자연적으로 발생한 것이 아니라, 문화적 산물이며, 역사적 배경에 따라 변화하고 발전되었다. 문명의 발상지를 살펴보면 문자의 탄생지와 일치한다. 따라서 문화적 권위에 기반을 둔 문자의 힘은 문자 체계 자체의 우수성보다는 문화적, 역사적 권위에서 오는 것이다. 또한 문자 체계가 정비된 시기의 나라는 통일되거나 부강해졌다. 따라서 문자라는 미디어가 가지는 가치는 정보를 전달하는 역할뿐만 아니라, 여론을 형성하거나 새로운 문화를 창조하는 사회적인 영향력까지 내포하고 있음을 알 수 있다.

3.2 숫자의 등장

숫자(數字, 문화어 : 수자)는 기수법에서 수를 표기하기 위한 기호 또는 문자이다. 문자는 나라마다의 고유한 언어가 따로 있지만 숫자는 '아라비아 숫자'가 만국 공통어이다. 나라마다 서로 다른 언어와 문자를 쓰면서도, 숫자만은 아라비아 숫자를 사용하는 것이다.

숫자의 발명은 인간의 인지 방식을 혁명적으로 바꾸었다. 세계를 질적 인식에서 양적 이해로 전환시켜, 현실을 데이터로 표현할 수 있게 했다. 주판과 위치 기수법, 논리기호의 발전은 훗날 컴퓨터 과학의 근간이 되는 알고리즘적 사고의 토대를 형성했다. 숫자는 단순한 계산의 도구가 아니라 인지의 모델, 즉 디지털 세계의 문법이었다.

Key Concept | 핵심 개념

Numbers transformed symbolic culture into information culture.
숫자는 상징문화에서 정보문화로의 전환을 이끌었다.

고트프리트 라이프니츠
(Gottfried Leibniz)
[그림 20]

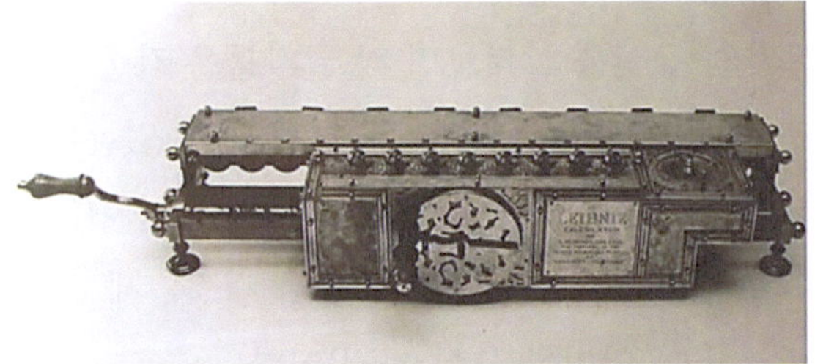

라이프니츠 기계식 계산기 1671년[그림 21]

파스칼 계산기(Pascal's calculator) 1642년[그림 22]

메시지를 전달하기 위한 미디어의 역할로써 문자는 매우 효과적인 미디어라고 할 수 있다. 하지만 정확한 수량이나 범위를 결정할 때는 문자만으로는 구체적이거나 명확하게 의미 전달이 되지 않았다. 특히 상인들에게는 수량을 결정하거나 교환의 범위를 명확히 해야 하기 때문에 계산을 위한 숫자가 필요했다. 컴퓨터가 나오기 전에는 계산자나 계산표를 사용해 계산을 했으며, 이를 수행하는 사람을 '컴퓨터'라고 불렀다. 그러나 사람의 오류를 줄이기 위해 기계식 계산기가 개발되었다. 최초의 기계식 계산기는 1623년 빌헬름 시카르트(Wilhelm Schickard)가 6자리 숫자의 덧셈과 뺄셈을 수행할 수 있는 기계를 만들었다. 1642년에는 파스칼이 덧셈과 뺄셈이 가능한 톱니바퀴 계산기(Pascaline)를 개발했지만, 덧셈과 뺄셈 외의 연산은 불가능했다[그림 22]. 1671년에는 곱셈, 나눗셈이 가능한 사칙연산 계산기를 개발했지만, 현대 컴퓨터의 개념을 처음으로 제시한 것은 찰스 배비지였다[그림 21].

라이프니츠[그림 20]는 파스칼의 계산기에 스텝 실린더를 사용해 자동 곱셈과 나눗셈 기능을 추가했으며, 1685년에 핀톱니바퀴 계산기를 최초로 묘사하고, 대량생산된 라이프니츠 휠을 발명했다. 그는 또한 이진법수 체계를 다듬어 현대 컴퓨터의 기초를 마련했다.

3.3 카메라의 등장

[그림 23] "파리의 탐플대로 풍경" 1839년/다케르(Daguerre) – 다게레오타입의 카메라

카메라의 효과와 시각문화의 확장(Camera Effects and Expansion of Visual Culture)측면에서 보면 카메라의 발명은 인간의 시각을 새롭게 정의하였다. '본다'는 행위가 기계화되면서 시각은 인간의 신체로부터 분리되었다. 사진과 영화의 등장은 이미지를 복제·보존·배포할 수 있게 하여 시각문화(visual culture)의 시대를 열었다. "카메라는 현실을 포착한 것이 아니라, 현실을 새롭게 구성하는 시각적 장치로서 근대적 의식을 형성했다"고 설명할 수 있다.

Key Concept | 핵심 개념

The camera transformed subjective seeing into a technological gaze.
카메라는 주관적 시선을 기술적 시선으로 전환시켰다.

1) 카메라의 등장과 기술적 발전

근대 사진기의 기원은 카메라 옵스큐라(Camera Obscura)에서 출발한다. 이는 작은 구멍으로 들어온 빛이 암실 내부 벽면에 외부 풍경을 거꾸로 투사하는 장치로, 르네상스 시대부터 화가들이 원근법과 정확한 묘사를 위해 활용해 왔다.

19세기 들어 사진술이 본격적으로 발명되면서 카메라 기술은 급속도로 발전한다 [그림 24].

- 1839년 : 루이 다게르(Louis Daguerre)의 다게레오타입(Daguerreotype)
- 1840년 : 윌리엄 헨리 폭스 탈보트의 칼로타입(Calotype)
- 1851년 : 습판사진(Wet Plate Collodion)
- 1855년 : 건판사진(Dry Plate) 개발
- 1885년 : 조지 이스트만(George Eastman)이 종이 필름(paper film) 제작

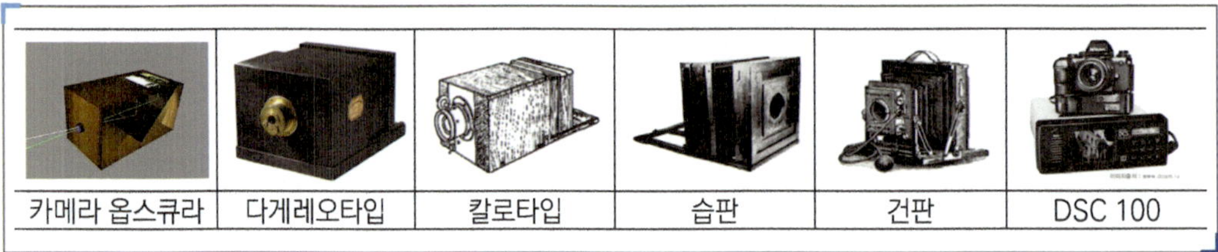

[그림 24] 카메라의 역사
출처: https://m.blog.naver.com/pxp4444/221322625409

- 1889년 : 필름 소재가 셀룰로이드(celluloid)로 전환되며 현대적 필름의 기틀 확립
- 1991년 : 코닥(Kodak)에서 세계 최초 디지털 DSLR 'DSC-100' 출시

이처럼 카메라는 필름 기반에서 디지털 기술에 이르기까지 지속적으로 발달하며 시각 문화 전체에 혁명적 변화를 가져왔다.

2) 카메라의 등장과 '화가의 죽음' 논쟁

카메라의 등장은 당시 전통 회화를 중심으로 활동하던 예술가들에게 커다란 충격이었다. 정확한 재현을 목표로 하던 화가들의 기술은 카메라에 의해 순식간에 대체될 위험에 처하게 되었고, 많은 작가들은 "이제 우리의 직업이 사라질 것"이라는 불안을 느꼈다. 특히 카메라가 현실을 있는 그대로(as-is) 복제하자, 회화가 지니던 아우라(aura) — 즉, 고유한 원본성과 예술적 독창성 — 은 크게 약화되었다. 이는 회화가 수백 년간 지켜온 표현의 기준이 흔들리는 사건이었다.

① **재현의 해체** : 르네상스 이후 예술 원칙의 붕괴

15세기 르네상스 이후 서양 미술은 자연의 모사(모방)와 생생한 재현을 예술의 핵심 가치로 삼아 왔다. 이를 위해 발전한 기술은 다음과 같다.

- 원근법(perspective) : 공간의 깊이를 사실적으로 표현
- 해부학(anatomy) : 인체를 정확하게 묘사하기 위한 과학적 연구
- 비례(proportion) : 균형 있고 자연스러운 형태 구성
- 명암법(chiaroscuro) : 빛과 그림자를 이용한 입체감 표현

즉, 서양 미술은 "얼마나 현실과 똑같이 보일 수 있는가"를 기준으로 발전해 왔다. 하지만 사진기라는 기술은 이 모든 과정을 단 몇 초 만에 대체해 버렸다. 그 결과 회화는 더 이상 "현실을 재현하는 기술"로서 비교 우위를 갖지 못하게 되었고, 예술은 새로운 방향을 찾아야 하는 역사적 전환점을 맞이하게 된다.

② **20세기 회화의 변화** : 아이코닉(image-iconic) 성격의 강화

사진이 사실적 재현을 담당하게 되자, 20세기 회화는 현실의 모사 대신 개념·상징·감정을 담는 새로운 이미지로 방향을 전환하였다. 그 결과 회화는 다음과 같이 변화하였다. 눈에 보이는 대상을 '그대로' 재현하는 것에서 벗어나 어떤 행동,

사물, 개념을 상징적으로 드러내는 아이코닉(iconic) 이미지를 추구 즉, 회화는 "현실을 복제하는 그림"이 아니라 의미와 해석을 담는 상징적 시각 언어로 재탄생하게 된 것이다.

즉 카메라는 단순한 기술적 발명이 아니라 전통 회화의 존재 이유를 근본적으로 흔든 사건이었다. 사실 재현의 기능이 사진으로 대체되면서 회화는 새로운 표현 방식과 예술적 목표를 찾아야 했고 이는 20세기 이후 회화가 추상·표현·개념 중심의 새로운 시각 문화로 발전하는 계기가 되었다. 따라서 카메라의 등장은 '화가의 죽음'이 아니라 예술이 모사에서 해석으로 이동하는 역사적 전환점이라고 할 수 있다.

3) 사진의 예술성 논쟁과 픽토리얼리즘(Pictorialism)

[그림 25]은 최초의 사진 이미지로 1826년경 프랑스 중부에 살고 있던 발명가 '조제프 니세포르 니엡스(Joseph Nicephore Niepce)'가 그의 집 안뜰에 있는 건물 지붕에서 카메라 옵스큐라로 찍은 것으로 〈헬리오그래피 heliography〉라는 방식으로 제작했다.

[그림 25] '그라의 집 창 밖 풍경', 1826년경, 헬리오그래피

사진이 예술로 인정받지 못하던 시기, 사진가들은 회화의 구성을 차용하여 예술성과 표현성을 강조하는 픽토리얼리즘(Pictorialism)을 시도하였다. 픽토리얼리즘(Pictorialism)은 19세기 말부터 20세기 초에 걸쳐 전개된 사진 예술 운동으로, 사

진을 단순한 기록 매체가 아닌 '예술적 표현 매체'로 인정받기 위해 등장한 흐름이다. 즉, 사진을 회화처럼 보이게 만들고자 한 예술적 시도로 이해할 수 있다.

핵심적 특징으로는 다음과 같다.

1. 회화적 구성(Composition) : 전통 정물화, 풍경화의 구도를 모방, 화면의 균형, 분위기, 감정 전달을 중시
2. 회화적 효과 사용 : 소프트 포커스(blur), 과다노출(overexposure), 인화 과정에서의 조작(브러싱, 톤 변화 등), 사진을 '그림처럼' 보이게 만드는 표현 기법 활용
3. 전통 예술의 미학 추구 : 기술적 정확성보다 예술적 분위기, 심리적 감성, 주관적 표현을 우선, 사진을 회화의 예술성과 동일한 위치로 끌어올리려는 목표.
4. 복합적 제작 방식 : 사진을 캔버스에 인화, 여러 장의 사진을 조합하여 하나의 장면 구성, 수작업(Hand-made) 인화 방식으로 독창성 강조.

4) 역사적 의의

당시 논쟁이던 "사진은 예술인가?"에 대한 실천적 답변으로 사진이 단순 기록을 넘어 예술적 가능성을 지닌다는 것을 증명한다. 이후 현대사진, 실험사진, 표현주의 사진 등 다양한 예술사진의 기반을 마련하였다. 정리하면 픽토리얼리즘은 사진을 회화적 감성과 예술적 구성으로 재해석하여 사진의 예술적 지위를 확립하려 한 초기 사진 예술 운동이다.

[그림 26] 초기 사진의 구도와 대상물

초기 사진의 등장은 정체성과 제작방식에 있어서 다양한 논쟁을 가져왔고 표현방식에 관한 고민을 하게 된다. 초창기 사진사들은 사진을 찍는 대상과 방식에 있어서 회화주의를 추구하게 된다. 즉 정물화를 그리는 구도로 사물의 사진을 찍거나 풍경화도 회화의 구도를 따르게 되는 것이다. 즉 회화가 걸어간 길을 사진도 따라가게 된다[그림 26].

[그림 27] 헨리피치로빈슨(Henry Peach Robinson), 임종1853

사진이 발명된 이후 예술계에서는 오랫동안 "사진은 예술인가? 아닌가!"라는 논쟁이 끊임없이 이어졌다. 이에 대해 문화비평가 발터 벤야민(Walter Benjamin)은 "사진이 예술이냐 아니냐는 중요하지 않다. 그보다 사진의 발명이 예술 전체에 어떤 변화를 가져왔는가를 먼저 살펴보아야 한다"고 강조하였다.

3.4 왜 추상(Abstraction)인가? — 카메라 이후 예술의 대전환

카메라가 재현을 담당하게 되자, 회화는 자연스럽게 다음과 같은 결론에 도달했다. "회화는 이제 더 이상 보이는 세계를 복제할 필요가 없다." 그 결과 회화는 사진이 절대할 수 없는 내면의 감정, 정신세계, 개념, 구조, 추상적 질서를 탐구하기 시작했다. 이때 등장한 핵심 변화는 다음과 같다.

구상(Figurative) → 추상(Abstract)
보이는 것의 재현 → 보이지 않는 것의 시각화
외부 세계의 묘사 → 내면·관념·정신의 표현

동양 철학·신지학(Theosophy)의 영향으로 20세기 초 예술가들은 단순한 형식 실험을 넘어 세계의 본질적 구조에 관심을 갖기 시작했다. 이때 많은 작가들이 동양 철학, 불교, 힌두교, 도교 등 아시아 사상의 '눈에 보이지 않는 원리'에 매료되었다. 특히 신지학(Theosophy)은 다음과 같은 사상을 제시했다.

"우주는 수직적 에너지(vertical energy)와 수평적 에너지(horizontal energy)의 상호작용으로 이루어진다", "보이는 세계 뒤에는 보이지 않는 질서가 존재한다."

이 사상은 칸딘스키(Wassily Kandinsky), 몬드리안(Piet Mondrian) 등 초기 추상 미술의 선구자들에게 큰 영향을 주었다. 즉, 추상은 단순한 생략이 아니라 '보이지 않는 본질'을 그리려는 시도였다. 이제 재현의 역사에서 '보이지 않는 것의 시각화'로 현대 회화의 핵심 미학은 다음과 같은 명제에 도달하였다. "현대 회화는 보이는 세계를 그리는 것이 아니라, 보이지 않는 세계를 보이게 하는 예술이다." 이 명제는 상징(icon), 형태, 선, 색채의 '자율성'을 강조하며 회화를 아이콘적 상징으로서의 회화라는 완전히 새로운 예술로 변모시켰다. 즉 추상미술 이후 그림은 대상을 그 자체로 재현하는 것이 아니라, 행동·사물·개념을 상징(iconic symbol)으로 표현하는 방식을 중심으로 발전하였다. 예로 '나무'를 그리는 것이 아니라 '자연, 성장, 균형'이라는 개념을 상징하는 형태/색채로 구성하고 이 변화는 회화를 의미의 매개체로 재정의했다.

1) 모던 아트의 극단 - 말레비치와 뒤샹

말레비치(Malevich)의 〈검은 사각형 Black Square〉은 더 이상 재현할 필요가 없다는 결론의 극치로 단 하나의 형태로 '순수한 감정'과 '순수한 사유'를 전달한다. 이는 "회화의 종착점"이라고 평가되기도 한다[그림 28].

뒤샹(Duchamp) - 변기 〈샘 Fountain〉은 예술은 물리적 형태가 아니라 개념(concept)이라는 선언이다. 무엇이든 작가가 지정하면 예술이 될 수 있다는 급진적 전환으로 회화·조각을 뛰어넘어 예술의 본질 자체를 재정의한다[그림 29].

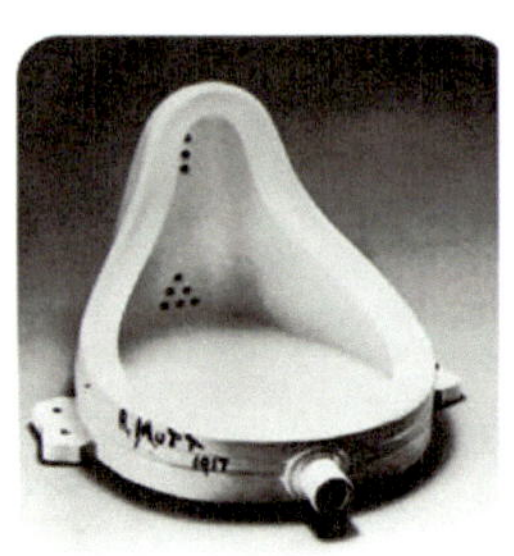

2) 단색화(Monochrome)와 공간 의식의 탄생

추상미술이 발전한 이후, 예술가들은 더 과감한 질문에 도달하였다.

> "형태조차 제거해도 회화는 여전히 존재하는가?"
> "색 하나만으로도 세계를 말할 수 있는가?"

이 질문은 회화의 본질을 극한까지 밀어붙였고, 그 결과 단색화(Monochrome)가 탄생했다. 단색화는 단순히 "하나의 색으로만 칠한 그림"이 아니라, 회화가 갖는 형태·재현·이미지의 기능을 해체하고, 색 자체가 하나의 세계와 경험이 되는 지점을 탐구하는 예술이다.

① 형태의 제거는 색채의 순수한 현존으로 생각했다. 단색화의 작가들은 대상·구상·형태를 완전히 제거하고, 오로지 한 가지 색을 통해 공간의 본질을 드러내려 했다. 형태가 사라지자 색과 공간의 긴장, 표면의 떨림, 빛의 파동이 주된 표현 요소가 되었다. 이미지는 보이지 않지만, 회화 자체가 하나의 공간적 '현존(presence)'으로 다가왔다. 즉, 단색화는 보이는 대상을 그리지 않지만 공간과 감각을 직접 체험하게 만드는 장치가 된다.

② 표면(surface)의 떨림과 감각의 확장면에서 단색화의 색면은 단일한 평면처럼 보이지만, 자세히 보면 다음과 같은 미세한 차이가 존재한다. 색의 농담 변화(gradation), 붓질·물감 층의 진동(tremor), 빛의 각도에 따라 달라지는 표면의 울림(vibration), 재료(마티에르)의 밀도와 질감 차이 이 미세한 변화들은 보이지 않는 깊이와 시간성을 만들어내며, 관람자에게 단순한 시각 이상의 몰입적 감각 경험을 제공한다. 즉, 단색화는 "단순하지만 비어 있지 않은, 고요하지만 살

아 있는" 역설적 공간을 생성한다.

③ 시각적 대상에서 공간적 체험으로 변화했다. 단색화 이후 회화는 더 이상 "무엇을 그렸는가?"라는 질문에 답하지 않는다. 대신 다음과 같은 질문으로 바뀐다.

"공간은 어떻게 느껴지는가?"
"색이 나를 어떻게 둘러싸는가?"
"나는 이 작품 앞에서 어떤 경험을 하게 되는가?"

따라서 단색화는 대상을 재현하는 것이 아니라 색 - 표면 - 공간 - 몸의 상호작용을 탐구하는 예술이다. 이러한 관점은 다음의 선언으로 요약된다.

"회화는 사물을 그리는 것이 아니다. 공간을 '경험하게' 하는 것이다."

④ 서구·동양 단색화의 철학적 기반에서 본다면 서구 단색화 (이브 클라인, 말레비치 이후)는 색 하나로 절대성, 무한성, 영성 등을 탐구한다. 즉 '0점 회화', '무(無)의 회화', '순수 감각의 장'을 목표로 한다. 동양 단색화 (한국 단색화/Dansaaekhwa)는 반복적 행위, 수행성, 여백, 평정, 비움의 철학을 강조한다. 물질과 행위, 시간과 호흡의 흔적이 작품이 된다. 두 흐름 모두 대상 재현을 넘어 세계의 본질과 존재의 깊이를 탐색한다는 점에서 연결된다.

⑤ 단색화가 현대미술에서 갖는 의미로 단색화는 다음과 같은 이유로 현대미술의 핵심 전환점으로 평가된다. 회화의 모든 요소(형태·구상·이미지)를 제거한 '최종적 추상'이다. 색 자체를 하나의 공간·사건·세계로 승격하고 관람자의 몸이 작품을 '경험'하는 감각적 회화이다. 예술은 표현이 아니라 존재론적 현존이라는 선언이며 보이는 세계에서 보이지 않는 질서로 확장된 예술철학이다.

즉 단색화는 단순한 색면이 아니라 회화가 어디까지 갈 수 있는지를 묻는 근본적 실험이었다. 형태 없음, 이미지 없음, 대상 없음 하지만 그 '없음' 속에서 관람자는 색과 공간의 떨림, 존재의 깊이, 감각의 확장을 경험하게 된다. 따라서 단색화는 다음 문장으로 요할 수 있다.

"단색화란, 그림이 사라진 자리에서 공간과 감각이 다시 태어나는 예술이다."

3) 사진 예술의 변화

픽토리얼리즘 사진(Pictorialism)은 19세기 말~20세기 초에 유행한 사진 예술 경향으로, 사진을 단순한 기록이 아니라 회화적 표현(회화주의, Pictorial)에 가까운 예술 작품으로 만들고자 한 흐름을 말한다. 사진가는 렌즈의 사실적 재현을 그대로 따르지 않고, 소프트 포커스, 톤 조절, 인화 조작, 안개·농도 효과 등을 활용하여 회화처럼 부드럽고 감성적인 미감을 추구했다. 즉, "사진을 회화처럼 보이게 만들어 예술적 지위를 확보하려 한 초기 사진 예술 운동"이다.

[그림 30]

이 사진은 병상에 누워 있는 젊은 여성, 그녀를 간호하는 또 다른 여성, 창가에서 밖을 바라보는 한 남성, 의자에 앉아 기도하듯 책을 들고 있는 중년 여성으로 구성된 극적인 연출 사진이다. 주제는 '죽음 혹은 임종의 순간' 침대에 누워 창백하게 보이는 인물은 병약하거나 임종을 앞둔 인물처럼 묘사되었다. 주변 인물들은 걱정, 슬픔, 체념과 같은 감정 상태로 보이며, 이는 삶과 죽음의 전환을 주제로 한 회화적 구성을 연상시킨다. 이 사진이 픽토리얼리즘적이라는 근거는 다음과 같다.

연극·회화처럼 철저한 세트 구성(커튼, 창문, 침대, 의자 배치), 부드러운 톤, 낮은 콘트라스트, 갈색빛(세피아) 조색, 인물들의 정적인 포즈와 감정적 분위기 강조, 단순 기록이 아닌 상징적·서사적 장면 재현, 이는 로빈슨(Henry Peach Robinson) 계열 사진가들이 시도한 "사진으로 회화의 감정·극적 순간을 재현하려는 방식"을 강하게 연상시킨다.

상징적 구성 요소로 창밖의 하늘은 희망, 죽음 후 세계, 시간의 흐름을 상징, 빛과 그림자 대비는 성스러움, 운명성 강조, 흐릿한 전체 톤은 사실성보다 감정·정서를 강조하는 픽토리얼리즘의 감성이다.

[그림 31]

이 사진은 삶의 무게를 가진 노년의 여성을 사실적으로 포착한 강렬한 인물 사진으로, 주름·질감·빛의 대비를 통해 존재의 깊이·고독·시간의 흐름을 강조한 작품이다. 대중적 사진형식으로 교육받지 않고 찍은 막사진의 형식이다. 이 사진은 픽토리얼리즘처럼 부드럽거나 회화적이기보다는, 강한 명암 대비(차이로스쿠로)와 날카로운 질감 표현이 돋보입니다. 특징은 강한 사이드 조명, 주름과 피부 질감을 강조, 무거운 의상과 모자, 인물의 사회적 위치나 계층을 암시, 꾸밈없는 현실적 묘사, 회화적 연출보다는 '진실성'을 강조한다. 이는 20세기 초반 스트레이트 포토그래피(Realist/Documentary Portrait)의 대표적 감성을 보여줍니다.

[그림 32]

"이탈리아 이민 여성의 사진"은 스티글리츠가 초기 픽토리얼리즘에서 벗어나 사진의 목적을 '아름다움의 추구'에서 '진실의 포착'으로 전환해가는 과정을 잘 보여준다. 픽토리얼리즘이 회화적 아름다움과 감성적 분위기를 이상화했다면, 스트리트 포토그래피와 다큐멘터리적 접근은 더 이상 미화되지 않은 '진실, 사실, 현실'을 기록하는 것이 핵심이 되었다.

이 전환은 사진 예술의 목적이 미적 아름다움에서 현실의 진실(Truth)로 이동하는 모더니즘 미학의 결정적 변화를 의미한다."

픽토리얼리즘(Pictorialism)은 사진을 회화처럼 아름답게 보이게 만드는 것이 목적이고 소프트 포커스, 톤 조절 등 "예술로 인정받기 위한 미화"된 형식이다. 스트레이트 포토그래피(Straight Photography)의 포털(항구)에서의 이민자 사진은 더 이상 아름답게 꾸미지 않는다. 거리, 항구, 이민자, 사회 현실을 직접 기록하는 목적으로 Truth, Fact, Reality가 목적이다.
모더니즘 미학(Modernist Aesthetics)은 예술의 목표가 대상을 있는 그대로 보여주는 진실성이며 사진 고유의 특성(객관성, 즉시성, 사실성)을 강조한다.

"스티글리츠의 이민자 사진은 사진 예술의 목적이 '아름다움(Pictorialism)'에서 '진실(Modernism)'로 이동함을 보여주는 전환점이다."

* 알프레드 스티글리츠(Alfred Stieglitz, 1864~1946)는 현대사진(modern photography)의 기초를 만든 미국 사진가이자 이론가, 큐레이터이다. 그는 사진을 단순한 기술이나 기록 도구가 아니라 독립된 예술(Art)로 확립하는 데 결정적 역할을 했다. 즉 스티글리츠는 사진을 '아름답게 꾸미는 것(픽토리얼리즘)'에서 '진실을 보여주는 예술(모더니즘 사진)'로 전환시킨 현대 사진의 아버지이다.

사진은 발명 순간부터 기계적 재현성(reproducibility)을 갖고 있었고, 인쇄술(신문·잡지)과 결합되면서 대량생산·대량유통(massification)이 가능해졌다. 이로 인해 사진은 단순한 예술적 이미지가 아니라 사회 인식과 여론을 형성하는 가장 강력한 시각 언어가 되었다.

사진은 "있는 그대로의 진실"처럼 보이지만, 실제로는 프레임, 앵글, 캡션, 편집 방식이 진실을 규정한다. 즉 사진 = 이미지 + 텍스트(캡션) + 프레임이며, 이 조합에 따라 사실은 드러나기도 하고 왜곡되기도 한다. 그래서 사진은 "보는 것이 믿는 것이다(Seeing is believing)"라는 신화를 만들었지만, 동시에 가장 쉽게 속일 수 있는 도구가 되었다. 촬영 순간의 선택, 편집, 인쇄는 모두 진실과 거짓 사이에서 벌어지는 전장이며, 사진 그 상징적 무기다. 사진이 "진실"을 말하는 것처럼 보일수록, 기만의 가능성도 더 커진다.

Moholy – Nagy(모홀리나기)는"미래의 문맹은 글자가 아니라 이미지를 못 읽는 자" 라고 경고한다. 모홀리나기는 사진 시대의 문해력을 다음과 같이 설명했다. "미래의 문맹자는 글자를 읽지 못하는 사람이 아니라 이미지를 읽지 못하는 사람이다." 그에게 사진은 단순한 그림이 아니라 읽혀야 하는 텍스트, 해석해야 하는 시각 언어였다. 이미지를 읽지 못하면, 사진이 전달하는 권력·이데올로기·기만적 메시지에 속을 수밖에 없다. 즉, 사진의 시대는 '이미지 문해력(Visual Literacy)'을 요구하는 시대이다. 사진의 재현성과 인쇄기술이 합쳐지면서 20세기에는 포토저널리즘이 본격적으로 등장한다.
전쟁, 빈곤, 사회문제, 이민, 노동 현장이 모든 장면들이 사진을 통해 세계의'진실'로 소비되었다. 그 중 대표적 사진가는 로버트 카파(Robert Capa)로, 그는 직접 전장에서 촬영하며 "당신의 사진이 충분히 좋지 않다면, 당신이 충분히 가까이 가지 않았기 때문이다."라고 말하며 현장성과 진실성의 가치를 사진사에 새겼다. 이 시기 사진은 문자보다 더 강력한 설득력을 가진 사회적 무기(social weapon)가 되었다. 초기 사진은 현실을 직접적으로 보여 주는 아이콘(icon)으로 '그대로의 재현'에 가까웠다. 하지만 현대에 진입하면서 사진은 점점 더 해석, 의미, 맥락, 상징성(symbolism)을 요구하는 매체가 되었다. 즉, 사진은 현실의 단순 묘사가 아니라, 사회적 의미를 생성하는 상징의 언어가 되었다.

[그림 33]

이 사진은 베트남 전쟁 중 한 군사 지휘관(사이공 경찰청장)이 포로로 잡힌 남성에게 총을 겨누는 극도의 긴박한 순간을 포착한 장면이다. 표면적으로는 "군인이 비무장 민간인을 즉결 처형하는 장면"처럼 보이지만, 실제로 사진 속 남성(남베트남 군대 양민학살 현장범인)은 당시 현장에서 민간인들을 살해한 가해자로 규정된 인물이었다는 점이 중요한 맥락이다.

즉, 이 이미지는 전쟁 중 극렬한 폭력행위의 가해자로 지목된 인물을 현장에서 군 당국이 즉각적으로 처분하는 순간을 담고 있다. 하지만 대중은 사진만 보고 이를 "민간인 처형"으로 받아들였고, 그로 인해 이 장면은 세계적 논란을 낳았다.

* 사진 윤리와 프레임의 힘

사진을 촬영한 기자 '에디 아담스'는 후에 다음과 같은 취지의 후회를 밝힌 바 있다. 사진 한 장이 사람에게 "악인"이라는 이미지를 씌웠다. 그러나 전체 맥락을 보면 상황은 단순한 '악 vs 선'이 아니었다. 사진은 진실의 일부만 보여줬다. 이미지가 만들어낸 여론은 어떤 개인이나 국가에게 심각한 타격을 줄 수 있다. 즉, 사진의 프레임은 현실을 드러내는 동시에 새로운 현실을 만들어낸다. 이 사진은 "이미지 윤리(image ethics)"의 교과서적 사례가 되었다.

[그림 34]

이 사진은 사진가가 장면을 연출하거나 개입하지 않고, 도시의 일상 속에서 우연히 발생한 순간을 정확히 포착한 장면이다. 뛰어오르는 인물의 실루엣과 그 아래의 물웅덩이(반사), 나뭇가지처럼 놓인 사다리 형태가 찰나의 균형과 긴장, 우연한 구성의 완벽한 조화를 만들어낸다. 이는 바로 앙리 카르티에 브레송(Henri Cartier-Bresson)이 말한 "결정적 순간(The Decisive Moment)"을 완벽하게 보여주는 대표적 사례다.

이 사진은 비연출(Non-directing)로 사진가의 개입이 없는 자연스러운 순간이다. 이 장면은 인물을 포즈 시키거나 멈추게 하지 않았다. 사진가는 거리의 흐름을 관찰하다가, 도시의 일상 속에서 갑자기 발생한 순간에 반응해 셔터를 눌렀을 뿐이다. 인물이 뛰어오르는 순간은 예측 불가능하고 멈춰 있지 않은 동작이다. 물 속 반사 또한 우연히 만들어진 시각적 요소다. 즉, 사진가는 관찰자이지 '연출자'가 아니다. 카르티에 브레송은 다음과 같은 원칙을 강조했다. "사진은 삶이 우리에게 주는 순간을 포착하는 것이다. 그 순간은 다시 오지 않는다."이 사진도 마찬가지다. 뛰려는 인물에게 멈추라고 하지 않았다. 장면을 정리하지도 않고 인물이나 배경을 조작하지도 않았다. 사진가는 우연적이고 자연스러운 도시의 리듬을 그대로 받아들였고, 그 흐름 속에서 한순간의 시각적 질서(geometry)와 의미가 완성되는 순간을 발견했다. 이 사진은 "있는 그대로의 세계"를 받아들이고, 그 안에서 질서·조형·의미를 찾는 모더니즘 스트레이트 사진의 핵심을 보여준다.

[그림 35]

Robert Capa - "The Hands That Shook with Truth"

이 사진은 단순한 전쟁 기록이 아니라, 전쟁의 공포를 '관찰자 시점'이 아닌 '몸으로 느끼는 현장 시점'으로 변환시킨 결정적 이미지다.
흔들림, 흐릿함, 노출 과다, 필름 손상…
이 모든 결함이 오히려 진실(Truth)의 증거가 되어버린 역사적 사진이다.
로버트 카파는 "전쟁을 찍기 위해서 가까이 가라"고 했지만, 노르망디에서는 너무 가까워서 손이 떨릴 수밖에 없는 상황이었다.

'흔들림 = 카파의 몸 + 전쟁의 현실 + 사진이라는 기계가 기록한 물리적 진동'
이것은 단순히 보는 시각적 경험(visual feeling)이 아니라 몸으로 느끼는
촉각적 경험(tactile presence)을 전달한다.

스티븐 스필버그는 영화 〈라이언 일병 구하기〉의 노르망디 장면을 만들 때 카파의 D-Day 사진을 거의 그대로 미학적 레퍼런스로 삼았다. 영화 〈Saving Private Ryan〉의 첫 20분이 카파를 참조한 이유는 흔들리는 카메라, 물속의 시점, 총알이 스치고 물보라가 튀는 감각, 색감/노이즈/흐릿함, 혼란, 왜곡, 충격의 리듬이다.
스필버그는 인터뷰에서 이렇게 말했다고 알려져 있다. "카파의 사진 속 공포를 영화 속으로 옮기고 싶었다." 즉, 카파의 흔들린 사진은 전쟁의 새로운 '표현 방식'을 열었고 영화는 그 미학을 확대한 것이다.

[그림 36]

"죽음의 순간" - 스페인 내전 사진과 연출 논란

이 사진은 총탄에 맞아 쓰러지는 병사의 순간을 포착한 장면으로 널리 알려져 있다. 구도, 동작, 몸의 꺾임, 총의 낙하—all 요소가 극도로 연극적(dramatic)이며 포토저널리즘 역사에서 가장 상징적이고 논쟁적인 이미지 중 하나로 평가된다.

그러나 동시에 이 사진은 "연출되었는가? (Staged?)"라는 사진사 최대의 논쟁을 낳았다.

이 사진의 핵심 문제는 다음 질문이다.

"사진은 진실을 보이는가, 아니면 진실처럼 보이는 연출을 기록할 수 있는가?"

포토저널리즘은 "눈에 보이는 것이 진실"이라는 전제를 갖지만, 이 사진은 그 믿음에 균열을 내며 중요한 사실을 드러낸다. 사진 = 진실이 아니라 '진실로 보이는 이미지'를 만들 수 있는 매체이다. 프레임 선택, 순간 선택, 모델의 포즈, 상황의 구성 이것만으로도 충분히 '진실처럼 보이는 장면'을 만들 수 있다.

이 사진은 바로 그 문제를 가장 극적으로 보여준다. 하지만 이 사진이 진짜든 연출이든 상관없이 전 세계에 다음 메시지를 전달하는 데는 성공했다. 전쟁의 죽음, 젊은 병사의 희생, 이념의 대립 속 개인의 비극, 폭력 앞에서 한 인간이 무너지는 순간 즉, 이미지는 역사적 진실뿐 아니라 '상징적 진실(symbolic truth)'을 구성한다. 설령 연출된 장면이어도, 그 시대가 겪은 실질적 현실을 압축하는 강력한 아이콘이 되었다.

4) 아이콘에서 상징을 넘어

근대 사진은 처음에는 아이코노그래피(iconography)—즉, '보이는 대상을 충실히 묘사하는 기호 체계'로 이해되었다.

사진은 "있는 그대로를 재현한다"는 믿음에 의해 다큐멘터리성(Documentary truth)이 강조되었다.

그러나 시간이 지나면서 사람들은 점점 사진을 사실의 기록으로 읽지 않고, 상징(symbolism)의 체계로 읽기 시작한다.

사진은 "사실을 보여주는 장치"에서 "의미를 만들어내는 기호"로 변한다.

이 변화의 중심에 있는 인물이 바로 롤랑 바르트(Roland Barthes)이며, 그의 1980년대 저서 『Camera Lucida(카메라 루시다 / 밝은 방)』는 사진 이론의 기반을 뒤흔든 새로운 해석을 제시했다.

[그림 37] 20세기 초반(1900~1915년경) 서양의 스튜디오 초상사진

원래 Camera Lucida는 광학 장치이자 인식 개념으로, 현실의 대상을 종이나 화면 위에 겹쳐 보이게 하여 정확한 관찰·묘사를 돕는 도구이다. 1490년대 르네상스 이후 등장했으며 프리즘을 통해 실물을 종이에 투사하여 그림을 그리는 기구이며 '밝은 방'이라는 뜻 (Camera = 방, Lucida = 밝음)이다. 바르트의 『Camera Lucida』는 이 고전적 장치의 이름을 빌려 사진을 기술적 기기나 기록 매체가 아니라 존재의 흔적(Trace), 죽음의 기호, 상실의 감각으로 읽는 전혀 새로운 지평을 열었다.

바르트에 따르면 사진의 의미는 두 층위로 나뉜다.

1. Studium(스투디움) - 문화적/상징적 의미(Symbol)로 사진을 문화적·사회적·이념적 맥락 속에서 읽는 방식이다. 우리가 "아, 이 사진은 전쟁이군." "이건 풍경 사진이군."하고 이해하는 보편적 의미다. 즉, 사진을 상징(symbol)으로 읽는 것이다. 의도된 구도, 주제, 메시지는 모두 스투디움이다. 스투디움은 사진의 학습된 의미, 즉 문해력(literacy)에 의존한 이해이다.

2. Punctum(푼크툼) - 나를 찌르는 것 (Piercing, Wound)이란 의미로 바르트가 "사진의 본질(essence)"이라고 부른 것은 스투디움이 아니라 푼크툼(punctum)이다. 의도되지 않은 부분(unintentional detail), 우연히 프레임에 들어온 요소, 하지만 나를 "찌르는 것", 나를 "상처 내는 것"이라는 의미다. 사진가도 조절할 수 없는 부분으로 필연적 기록 (inevitable capture)이며 이 작은 부분이 전체 의미를 뒤흔듦이다. 푼크툼 = Irritant(원인) → Feeling(결과)로 이어짐으로 푼크툼에는 인과관계가 있다. "그것(사진 속 부분)이 있어서, 내가 느꼈다." 바르트에게 사진은 기호가 아니라 상처이며, 정보가 아니라 흔적(trace)이다. 바르트는 이렇게 말한다. "사진의 본질은 푼크툼에 있다." 왜냐하면 푼크툼은 의도할 수도, 만들어낼 수도 없기 때문이다. 사진가는 구도를 "의도" 할 수 있다. 이것은

스투디움이다. 그러나 우연히 잡힌 손가락, 그림자, 배경의 사물, 얼굴의 표정들은 사진가의 의도와 무관하게 카메라가 '그 순간 실제 있었던 것'을 증언한다. 이는 사진이 가진 지시성(indexicality)과 연결된다. 즉, 사진 = 빛을 통한 '실재의 흔적'이다. 우연한 부분이야말로 "그 순간 실제로 존재했다"는 절대적 증거가 된다. 바르트는 이것을 사진의 존재론적 본질이라고 본다. 바르트 이후, 사진은 더 이상 "현실을 기계적으로 복제하는 아이콘(icon)"도 아니고, "문화적 의미를 전달하는 상징(symbol)"도 아니다. 사진은 아이콘에서 상징을 넘어 '흔적과 상처'로 이동했다.

[그림 38] 1865년, 미국 사진가 Alexander Gardner – Lewis Payne (또는 Lewis Powell)의 초상

이 사진은 1865년, 미국 사진가 Alexander Gardner가 촬영한 Lewis Payne(또는 Lewis Powell)의 초상이다. 루이스 페인은 에이브러햄 링컨 암살 공모자로 당시 사형을 선고받고 처형을 기다리는 상태다. 촬영 시점은 사형 집행 직전 수감 중 상황이며 "He is dead and he is going to die…"("그는 이미 죽어 있고, 곧 죽게 될 것이다")라는 문장은 사실 진술이 아니라 존재론적 선언이다. 이 사진은 "살아 있으나, 이미 죽은 자"라는 시간의 역설을 품는다.

롤랑 바르트는 푼크툼을 나를 찌르는 시각적 상처라고 설명했지만, 그 안에는 또 하나의 중요한 차원이 있다. 바로 시간의 푼크툼(punctum of time)이다. "한 때 있었다(once was)"의 귀환 — Temporal Wound

위 사진 속에는 이제 존재하지 않는 것이 남아 있다. 한때 살아 있었던 사람, 사라진 풍경, 이미 멈춰버린 행동, 지나가 버린 표정, 다시는 돌아오지 않을 관계 즉, 사진의 본질적인 푼크튬은 "이제는 사라진 것의 흔적(trace)"이 나에게 갑자기 튀어 올라와 나를 찌르는 감정적 충격이다. 바르트의 유명한 문장인 "사진은 한때 존재했던 것(Ça-a-été, It-has-been)을 증명한다." 사진 속 모든 것들은 시간이 지나 이미 사라졌지만, 사진은 그것을 다시 현재로 소환한다.
이것이 시간의 푼크튬이다.

영화감독 Alexander Payne은 종종 "이미 사라져버린 존재를 사진이 되살린다"는 감성을 강조한다. 목매단 사람의 사진을 본다고 할 때—지금 그 사람은 없다. 사진 속의 그 몸짓, 그 표정, 그 순간은 이미 끝났다. 하지만 사진은 그 죽음을 "지금 이 순간" 다시 보여준다. 즉, 사진은 죽음조차 현재로 끌어올리는 시간적 기호가 된다. 여기에서 푼크튬은 단순히 '상처'가 아니라 시간의 상처(time-wound)다.

바르트의 사진이론은 사진을 "이미지의 3단계 구조"로 읽을 수 있게 한다.

1) Symbo(상징) - 문화적 의미의 영역, 사진은 사회적·문화적 코드로 읽힌다.

예 전쟁, 사랑, 가난, 노동 등 이것은 스투디움(studium)이며 의미는 "학습된 것"이다.

2) Index(지시) - '실재가 거기 있었다'는 흔적이다.
사진 속 이미지들은 빛의 흔적이 실재에 닿은 지점이다. 그림자, 물 자국, 손자국, 사라진 사람의 표정 즉, 사진은 실재와의 물리적 접촉(trace)을 증명한다. 이것이 바르트의 핵심 명제인 "사진은 실재의 지시(index)다."

3) Icon(아이콘) - 현재에 다시 나타나는 '상징적 형상'이다. "한때 존재했던 것"이 사진을 통해 지금 눈앞에 나타난다. 시간이 죽인 것(과거), 사진이 다시 살린다(현재). 그러므로 사진은 단순한 기록이 아니라 Symbol(해석) → Index(흔적) → Icon(귀환)이라는 존재론적 3단 변환 과정을 거친다. 특히 시간의 푼크튬은 Index(지시성)를 통해 Icon(형상)으로 귀환하는 순간에 발생한다.

5) 디지털 예술에서의 사진

[그림 39]

디지털 합성과 사진의 새로운 본질(1980s 이후)

1980년대 이후 사진은 '한때 존재했던 것'이 아니라, 피부·형태·데이터를 조합하여 '한 번도 존재하지 않은 인물'을 만들어내는 창조적 매체로 변했다.

[그림 40]

앤디 워홀의 1962년 작품은 초상화(portrait)가 아니라 사진을 기계적으로 복제·재구성한 추상적 구성물(construction)이다. 그는 사진을 다시 그리는 대신, 사진을 '복제 아이콘(icon)'으로 전환해 버린다. 이는 과거 르네상스식 초상(iconography)이 아니라, 대량 생산된 대중문화 이미지의 새로운 아이콘(icon)을 의미한다.

워홀은 "원본(original)은 끝났다"고 선언하며, 복제·반복·클로닝(cloning)의 시대를 예고했다. 그의 작업실은 '아틀리에(작가의 손)'가 아닌 **팩토리(Factory)**로 운영되어 예술가 개인의 손맛 → 기계적 생산 시스템으로 shift 되었다. 즉, 워홀은 예술을 창조가 아니라 복제(Replication)의 미학으로 재정의했고, 이는 현대 이미지 문화의 출발점이 되었다.

[그림 41]

Photorealism / Hyperrealism - 가상이 현실을 압도하는 시대

포토리얼리즘과 하이퍼리얼리즘은 사진을 초현실적으로 재현하는 회화 방식으로, 실제보다 더 세밀하고 더 선명하게 '가상의 현실'을 만들어낸다. 이때 작품은 사진을 모사하지만 단순 복제가 아니라, 현실보다 더 현실적인 초정밀 이미지를 제작한다. 아크릴 등 매체를 통해 만들어진 이러한 초정밀 회화는 원본보다 더 강한 존재감을 가지며, 보는 사람에게 "사진보다 더 사진 같은" 인상을 준다.

따라서 이 장르는 가상성(virtuality)이 현실성을 능가하는, 재현(representation)이 원본(original)을 압도하는 시대적 전환을 보여준다.

즉, 하이퍼리얼리즘은 "현실을 닮은 이미지"가 아니라, 현실보다 강력한 새로운 현실(New Reality)을 창조하는 예술이다.

[그림 42]
제프 월(Jeff Wall) – 사진 : After “Ejiri in Suruga Province”

* Jeff Wall - 컴퓨터 이후, 회화를 다시 '사진처럼' 재구성한 최초의 예술가

컴퓨터가 예술 제작 도구로 등장한 이후, 제프 월(Jeff Wall)은 디지털 기술을 적극적으로 활용한 최초의 현대 사진작가 중 한 명이다. 그는 '찰나의 포착(결정적 순간, decisive moment)'을 카메라로 우연히 잡는 것이 아니라, 세트 제작+연출+디지털 합성으로 인공적으로 재현한다. 즉, 그의 사진은 “사진처럼 보이지만, 실제로는 회화처럼 구성된 장면”이다. After “Ejiri in Suruga Province”〈스루가 에지리 이후〉

[그림 43]
가츠시카 호쿠사이 (Katsushika Hokusai) – 목판화 : Travellers Caught in a Sudden Breeze at Ejiri

위 이미지 역시 호쿠사이(葛飾北斎)의 〈바람에 날리는 종이(Travelers Caught in a Sudden Breeze at Ejiri)〉를 사진이라는 매체로 다시 그린(remake/reconstruction) 것이다. 카메라가 우연히 포착한 한순간이 아니라, 회화적 구도 → 배우 동원 → 수십 컷 합성 → 디지털 편집을 통해 만들어진“구성된 결정적 순간(constructed decisive moment)”이다. 오리지널 회화를 재현하지만 그대로 복사하는 것이 아니라, 사진+회화+영화적 연출+컴퓨터 합성이 결합된 포스트 - 디지털 시대의 새로운 '사진 아닌 사진(anti - photography)'이 된다. 그는 “재현(reproduction)”을 넘어, 실재하지 않는 장면을 사실처럼 보이게 만드는 포스트 - 포토그래피(Post - photography) 시대의 출발점을 마련했다.

① 서부 전선 이상 없다 – 에드바르트 베르거

② 메두사호의 뗏목 – 테오도르 제리코

③ 사르다나팔루스의 죽음 – 외젠 들라크루아
④ The Destroyed Room – 제프 월
⑤ 99CentII Diptychon – 안드레아스 구르스키
⑥ Chicago Board of Trade – 안드레아스 구르스키

[그림 44] 인간에서 구조로 – 폭력·권력·자본이 만드는 집단 이미지의 역사

① **서부 전선 이상 없다** - 에드바르트 베르거

원작은 에리히 마리아 레마르크의 동명 반전 소설(1929)이다. 이 이미지는 전쟁 사진기자의 기록 사진이 아니라, 영화감독과 촬영감독이 의도적으로 연출한 시네마틱 이미지이다.

병사들은 승리의 주체가 아니라 땅에 흩어진 신체로 묘사된다. 개인의 얼굴·정체성은 지워지고, 집단적 희생물로만 남는다.

② **메두사호의 뗏목** - 테오도르 제리코(1818~1819년)

이 작품은 1816년 실제 사건을 바탕으로 한다. 프랑스 군함 메두사(Méduse) 호가 세네갈 근해에서 좌초되었고, 무능한 정치적 임명 선장이 구조정을 독점하면서 149명의 민간인과 병사가 임시로 만든 뗏목에 버려졌다. 13일간의 표류 끝에 단 15명만 생존했으며, 굶주림·광기·식인까지 벌어진 참혹한 사건이었다. 제리코는 이 작품을 통해 왕정복고 정부의 무능과 부패를 직접적으로 비판했다.

③ 사르다나팔루스의 죽음 - 외젠 들라크루아(1827)

서사와 주제를 통해서 본 이 그림은 패배를 앞둔 아시리아 왕 사르다나팔루스가 자신의 후궁·노예·말·보물을 모두 죽이라고 명령한 뒤 궁전과 함께 파멸을 선택하는 순간을 묘사했다. 이는 권력의 최후, 쾌락과 폭력의 극단, 그리고 자기파괴적 죽음 충동을 상징한다.

〈사르다나팔루스의 죽음〉은 들라크루아가 권력의 종말을 욕망과 폭력의 광기로 묘사하며, 질서와 이성을 거부한 낭만주의 회화의 가장 급진적인 선언을 보여준 작품이다.

④ The Destroyed Room - 제프 월(1978)

이 작품은 외젠 들라크루아의 회화 사르다나팔루스의 죽음을 사진 매체로 재해석한 작업이다. 들라크루아의 작품이 폭력·파괴·욕망을 신체로 표현했다면, 제프 월은 인물 없이, 흔적만 남긴 공간으로 이를 번역한다. 즉, 행위는 제거되고 결과만 남은 이미지이다. 이 작품은 연출 사진(staged photography)의 결정적 사례로 사진을 회화·영화와 동등한 서사적 매체로 확장하고 현대 이미지가 폭력·권력·기억을 재현하는 방식에 대한 비판적 의미를 담고 있다.

⑤ 99CentII Diptychon - 안드레아스 구르스키(2001)

인간이 사라진 소비의 풍경을 담고 있는 이 이미지는 99센트 할인매장 내부를 촬영했지만, 개별 소비자(인물)는 거의 식별되지 않으며 상품과 진열 구조가 주인공이 된다. 인간은 소비 시스템의 일부로 흡수되고, 상품이 풍경이 되는 시대를 보여준다. 겉보기에는 객관적 기록처럼 보이지만, 구르스키는 여러 장의 사진을 합성하고 색채와 구도를 회화적으로 재구성했다. 즉, 이 사진은"있는 그대로의 현실"이 아니라 자본주의 구조를 가장 잘 보이게 만든 인공적 현실이다.

⑥ Chicago Board of Trade - 안드레아스 구르스키(1997)

인간이 데이터가 되는 순간을 표현한 이 이미지는 금융 거래소의 극단적 혼잡을 담고 있지만, 개별 인물은 식별되지 않고 색깔 조끼와 동작이 패턴으로 인식된다. 인간은 의사결정의 주체라기보다 시스템을 구성하는 픽셀로 환원된다.

안드레아스 구르스키(Andreas Gursky)의 사진은 '보이지 않는 전체'를 만들어내는 컴퓨터적 시선으로 주어진 이미지들은 구르스키 작품의 특징을 잘 보여주는 예시다.

그는 현실을 단순히 찍는 사진가가 아니라, 현실을 '새롭게 구성하는' 작가다. 구르스키는 '대량생산물'을 찍는 것이 아니라, 전체 구조와 패턴을 보여주는 시각적 질서를 만든다. 그의 사진은 여러 장을 촬영해 합성한 인공적 이미지이며, 현실에서는 볼 수 없는 전체 초점을 제공한다. 이는 카메라의 눈이 아니라 컴퓨터의 눈이 만든 사진이다.

과잉 정보량·전면 선명도는 현실보다 더 현실적인 하이퍼 - 리얼리티를 만들어낸다. 결과적으로 그의 사진은 기록이 아니라 고도로 계산된 구성(construction)이다. 구르스키는 회화적 스케일과 디지털 기술을 결합해 포스트 - 포토그래피(After Photography)의 대표가 된다.

6) 패러다임의 변화(Paradigm Change) - 현대인의 심리변화로 본 미디어

매체의 진화는 매번 인식의 패러다임 전환을 가져왔다. 상징의 시각화에서 기계적 복제, 그리고 알고리즘적 생성으로 이어지는 과정은 인간이 현실을 인식하고 구성하는 방식을 재정의하였다. 아날로그에서 디지털로의 전환은, 의미가 데이터와 알고리즘에 의해 매개되는 정보 패러다임의 등장을 상징한다.

Key Concept | 핵심 개념

Media evolution rewrites human cognition through technology.
매체의 진화는 기술을 통해 인간의 인식을 다시 쓴다.

현대인의 심리 이해 "도스토옙스키"
[그림 45]

[그림 46] 칼 막스의 자본론

도스토옙스키는 인간이 불안·고독·욕망 속에서 여러 자아를 만들고 타인의 시선을 갈망하는 존재임을 밝혔으며, 이 심리가 현대 미디어 사용 방식의 핵심 구조가 되었다.

도스토옙스키가 파헤친 인간 심리는 오늘날 미디어 시대(디지털·SNS·가상성)를 이해하는 핵심 기반이 된다.

1) 현대인은 '분열된 자아'를 가진다.
   도스토옙스키가 발견한 '이중성(dual self)'은 오늘날 미디어 속 여러 개의 자아(온라인/오프라인/아바타)로 확장된다.
2) 욕망·불안·고독이 미디어 소비를 이끈다. 그가 밝힌 인간의 무의식적 불안과 고독은 현대 미디어(게임·SNS·영상 플랫폼)의 핵심 동기가 된다.
3) 감정의 극단성 → 미디어의 자극 추구 구조에서 도스토옙스키의 인물들은 극단적 감정에 움직인다. 이는 오늘날 강한 자극·드라마·폭력·속도를 원하는 미디어 이용 패턴과 닮아 있다.
4) 인정 욕구가 인간의 가장 강한 심리로 도스토옙스키는 인간이 타인의 시선을 통해 자아를 형성한다고 보았다. 오늘날 SNS의 '좋아요·댓글·팔로워' 구조가 이를 증폭한다.
5) 현실보다 "가상의 세계"에 더 흔들리는 존재로 현실보다 내면의 욕망·환상·가상이 더 강력하다고 본 그는 미디어 시대의 가상현실, 메타버스, 아바타, 인플루언서 문화를 예견한 셈이다.

도스토옙스키 × 마르크스 『자본』에서 현대인의 심리 변화와 미디어 구조의 특성은 다음과 같다.

1) 인간의 '내적 분열' = 자본주의의 '소외(alienation)'
   도스토옙스키는 인간이 내면적으로 분열된 자아를 갖고 있다고 보았다. 마르크스는 자본주의가 인간을 노동에서, 타인에게서, 공동체로부터, 자기 자신으로부터 소외시키는 구조라 설명했다. 현대인은 내면적 갈등(도스토옙스키)과 경제적 소외(마르크스)가 동시에 증가 → 미디어에 더 의존한다는 것이다.

2) '욕망의 과잉' = 상품화된 욕망(commodity fetishism)

도스토옙스키는 인간의 무한한 욕망과 충동을 묘사했다. 마르크스는 자본주의가 욕망을 상품화(Commodity Fetishism)한다고 분석했다. 현대 미디어(SNS, 유튜브)는 "욕망의 심리학+상품화 시스템"이 결합해 사용자를 끊임없이 소비로 몰아간다.

3) 도스토옙스키의 불안·고독 = 마르크스적 '시장 인간'의 고립

도스토옙스키 인물들은 고독, 두려움, 불안에 휩싸여 있다. 마르크스는 자본주의가 인간을 "고립된 원자(atomized individual)"로 만든다고 했다. 현대인은 SNS로 연결되어 있으면서도 실제로는 더 고립되고 더 불안한 미디어 소비자가 된다.

4) 인정 욕구 = 자본주의적 경쟁의 심리 구조

도스토옙스키는 인간이 타인의 시선으로 자아를 확립한다고 보았다. 마르크스는 자본주의가 모든 인간을 "경쟁하는 개인"으로 만든다고 보았다. SNS의 '좋아요·팔로워·조회수'는 도스토옙스키의 인정 욕망+마르크스의 경쟁 구조가 결합한 형태다.

5) 가상성(Virtuality) = 자본주의 이미지 체제의 필연적 산물

도스토옙스키는 인간이 환상과 내적 세계에 쉽게 빠지는 존재라고 봤다. 마르크스는 자본주의가 이미지·광고·허구적 가치로 구성된 사회를 만든다고 분석했다. 오늘날 미디어(메타버스·SNS·AI 이미지)는 현실보다 더 강력한 "가상의 상품 가치"를 만들어낸다.

도스토옙스키가 밝힌 인간의 내면적 불안·분열·욕망은 자본주의적 소외·상품화·경쟁 구조(마르크스)가 결합되며 현대 미디어 심리로 폭발한다. 현대 미디어는 인간 심리와 자본주의가 만든 '가상적 욕망의 체계'이다.

7) 컴퓨터의 영향(Impact of Computers) - 컴퓨터의 등장으로 본 미디어

컴퓨터는 문자, 이미지, 사운드, 상호작용을 하나의 통합된 매체 안에 결합시켰다. 이는 기록하는 문명에서 시뮬레이션하는 문명으로의 전환을 의미한다. 디지털 시대의 매체는 더 이상 현실을 단순히 기록하지 않는다. 그것은 현실을 생성하고 재구

성한다.

인간은 이제 데이터와 상상력 사이를 오가며 디지털 존재의 공동 창조자(co-creator)로 자리한다.

Key Concept | 핵심 개념

The computer is the ultimate recording medium that digitizes thought and reality.
컴퓨터는 사고와 현실을 디지털화한 궁극의 기록매체이다.

* 기록매체의 진화 흐름도(The Evolution of Recording Media)

[Civilization]
↓
[Letters & Language]
↓
[Numbers & Data]
↓
[Camera & Visual Culture]
↓
[Computer & Digital Civilization]

* Z3 – 콘라트 추제 Konrad Zuse (1941년) : 인간→집단→구조→알고리즘으로 이동하는 시각문화·미디어사의 결정적 출발점

* ENIAC(1946년경) : 세계 최초의 범용 전자식 디지털 컴퓨터. ENIAC은 탄도 계산, 군사 목적에서 출발

* 쥬라기공원 – 스티븐스필버그 T-Rex는 단순한 특수효과가 아니다. 애니매트로닉스(실물 크기 기계)+CGI의 결합, 1993년 기준으로는 혁명적인 시각효과

[그림 47] 컴퓨터의 등장과 미디어

컴퓨터의 등장 이후 미디어의 혁명적 변화

1. 비트(BITS)의 등장 - 이미지가 '숫자'가 되다.
   컴퓨터는 아날로그 이미지를 0과 1의 비트로 변환하고 사진, 영상, 소리 등 모든 미디어가 디지털 데이터가 되었다. 이것이 "디지털 이미지(digital image)"의 출발점이다.
2. 디지털 이미지 = 가상(Virtual) 이미지의 탄생
   디지털 이미지는 카메라나 현실을 반드시 필요로 하지 않는다. 즉, 실재 없이도 이미지가 존재할 수 있게 되었다. "없던 것이 만들어지는" 가상 이미지 시대의 개막을 알린다.
3. 가상이 현실로 들어온 순간 - 합성 이미지의 탄생
   예를 들어 CGI 공룡(Digital Dinosaur) - 현실 배경 사진+디지털 공룡 합성, 현실(Reality)+허구(Fiction)가 하나의 영상 안에 공존하게 된다. 컴퓨터는 현실과 가상의 경계를 무너뜨린 첫 번째 미디어가 된다.
4. 재현(Representation)에서 제작(Construction)으로 이동
   기존 미디어는 무엇인가를 찍고 기록한다. 하지만 디지털 미디어는 없던 것을 만들고 구성한다. 이제 미디어의 본질이 "기록"에서 "창조"로 전환된다.
5. 이미지의 무한 복제와 변형 가능
   디지털 이미지는 원본이 존재하지 않는다(Non-original). 끝없이 복제, 편집, 변형이 가능하다. "원본의 죽음(Death of the Original)"이 디지털 미디어의 핵심 특징이다.
6. 가상 = 현실을 대체하는 새로운 경험 공간
   VR, 게임, 3D 애니메이션, 메타버스 등 컴퓨터가 만든 이미지가 실제 경험과 동일한 현실 효과를 발휘한다. "가상이 현실보다 더 현실적으로 작동하는 시대" 가 도래되었다.

컴퓨터의 등장은 이미지를 비트로 만들며 '디지털 가상'을 탄생시켰고, 현실과 허구가 합성되는 새로운 미디어 시대—기록에서 창조로 이동한 포스트 - 포토그래피 시대—를 열었다.

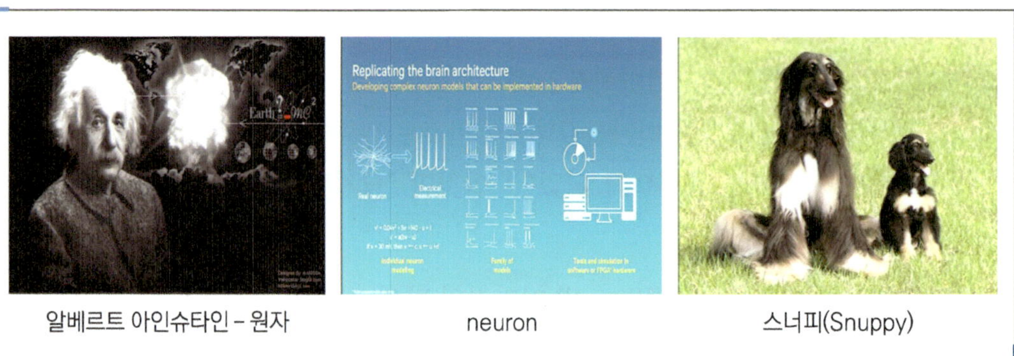

알베르트 아인슈타인 - 원자 | neuron | 스너피(Snuppy)

[그림 48] 포스트 - 포토그래피 시대

앞서 살펴본 구르스키 → 시스템이 만든 사진, 제프 월 → 연출된 현실, ENIAC → 계산의 시작, AI·뉴런 모델 → 사고의 구조화는 포스트 포토그래피시대 흐름의 결과로 이미지가 현실을 '보여주는 것'이 아니라 현실을 '구성하는 것'이 된 시대를 의미한다.

디지털 이미지와 미디어 생태계의 변화를 살펴보면 디지털 이미지 = 비트(Bits)로 존재하며 네트워크(Network)에서 살아간다. 디지털 이미지는 더 이상 물질적 형태나 인화된 사진으로 존재하지 않는다. 모든 디지털 이미지는 0과 1의 비트(bit)로 분해되어 서버, 클라우드, 네트워크를 통해 이동·복제·저장된다. 이미지의 존재 방식이 '물질'에서 '네트워크 상의 정보'로 완전히 전환된 것이다. 네트워크의 등장은 사이버네틱 사회(cybernetic society)의 출현을 의미한다. 이 사회에서는 이미지가 물리적 공간이 아니라 비트가 보장하는 사이버 공간(cyberspace)에서 존재를 유지한다.

디지털 미디어의 원리는 픽셀 + 이진코드 + 매체 통합(Multimodality)의 다음 세 가지 원리로 정의된다.

① 픽셀(Pixel)

디지털 이미지는 픽셀 단위의 점들로 구성되며, 이는 이미지가 무한히 확대·변형·합성될 수 있음을 의미한다.

② 이진 코드(Binary Code)

텍스트, 음성, 영상 등 서로 다른 매체들이 하나의 동일한 코드 체계(0과 1)로 통합된다. 이질적 미디어가 하나의 '디지털 언어'로 통일된다.

③ 매체 통합(Media Convergence)

텍스트·음성·영상·그래픽 등 모든 미디어는 디지털 상에서 하나의 미디어로 융합(multi - modal)되어 처리·전송·표현된다. 디지털은 '미디어를 하나로 묶는 플랫폼 기술'이다.

디지털 아트의 발전을 살펴보면 기술 발전의 직접적 결과다. 디지털 아트는 단순히 예술적 흐름이 아니라 미디어 기술(컴퓨터·그래픽·센서·인터페이스)의 발전 방향과 함께 확장된다. CGI, VR/AR, 인터랙티브 설치, 실시간 렌더링, 메타버스 시각 시스템 이러한 기술은 예술가가 사용할 수 있는 프레임(frame) 자체를 확장한다.

〈The Virtual Window〉에서 Ann Friedberg는 디지털 시대의 프레임이 다음과 같이 변화한다고 분석했다.

① 프레임이 더 이상 2차원에 머물지 않는다.

화면은 건축물(미디어 파사드), 공간 설치(insallation), 인터랙티브 벽, VR 360° 공간, 멀티스크린 구조에까지 확장된다.

② 재현의 한계가 사라진다.

프레임은 언제든지 복제·확장·변형 가능하며, 하나의 화면이 여러 공간을 겹쳐 보여주는 '멀티 - 프레임 현실'이 된다.

③ 창(window)은 더 이상 고정된 사각형이 아니다.

화면은 창이 아니라 네트워크적 공간의 인터페이스(interface)가 된다.

미디어는 '행위자(Actant)'다. 그러나 인간과의 상호작용 없이는 생존하지 못한다. 배철러(브루노 라투르, Bruno Latour)의 행위자 - 네트워크 이론(Actor-Network Theory, ANT)은 사회·기술·과학·자연을 인간과 비인간이 함께 만들어가는 관계망(network)으로 이해하는 이론이다. 이 이론을 확장하면 미디어는 인간과 동일한 수준의 행위자(actant)로 간주된다. 즉, 미디어는 자체적인 작동 원리·의도·기능을 가지고 독립적으로 존재한다. 그러나 중요한 점은 다음이다.

① 미디어는 인간의 상호작용이 있어야만 의미를 가진다.
사용되지 않는 매체, 체험되지 않는 매체는 네트워크에서 사라지고 생태계에서 도태된다.

② 인간 – 미디어 상호작용 = 또 하나의 '제3의 미디어'
디지털 환경에서 인간의 역할은 단순한 사용자(user)가 아니라 미디어와 미디어를 연결시키는 매개자(mediator)다. 즉, 인간의 참여가 곧 새로운 형태의 미디어 그 자체가 된다.

③ 미디어 생태계(Ecosystem)의 핵심은 '상호작용'
AI·VR·인터랙티브 아트에서는 사용자의 행동이 즉시 이미지와 시스템 구조를 바꾼다.

3.5 프레임의 개념과 확장(The Concept and Extension of the Frame)

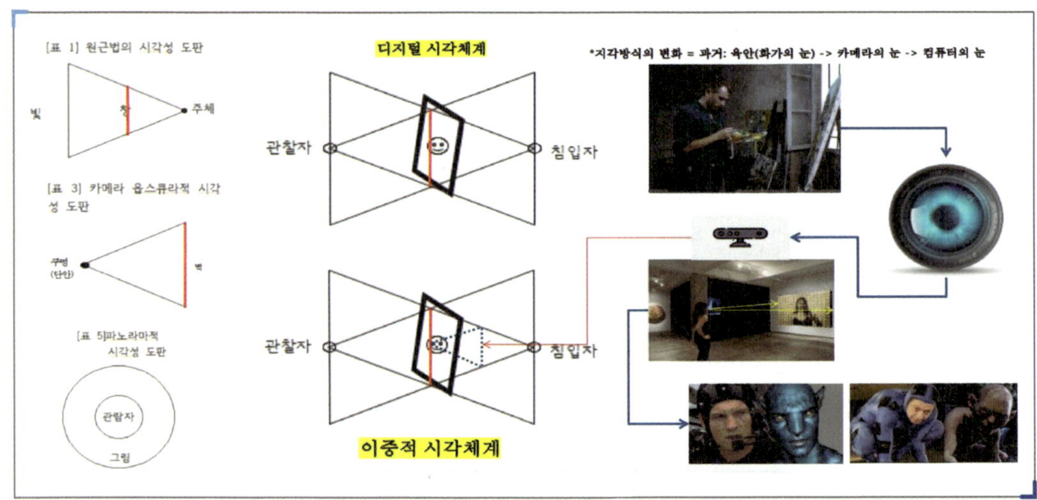

[그림 49] 디지털 시각체계

1) 회화 프레임

회화에서의 프레임(frame)은 예술의 세계와 현실의 세계를 구분하는 최초의 시각적 경계이다. 프레임은 표현의 공간을 정의하고, 관람자의 시선을 특정한 현실로 이끈다. 르네상스 시대의 선원근법과 액자형 캔버스는 닫힌 시각체계(closed visual system)를 구현하였으며, 관찰자와 대상이 명확히 분리되었다. 따라서 프레임은 단순한 물리적 경계가 아니라 시각과 의미를 구조화하는 철학적 장치였다.

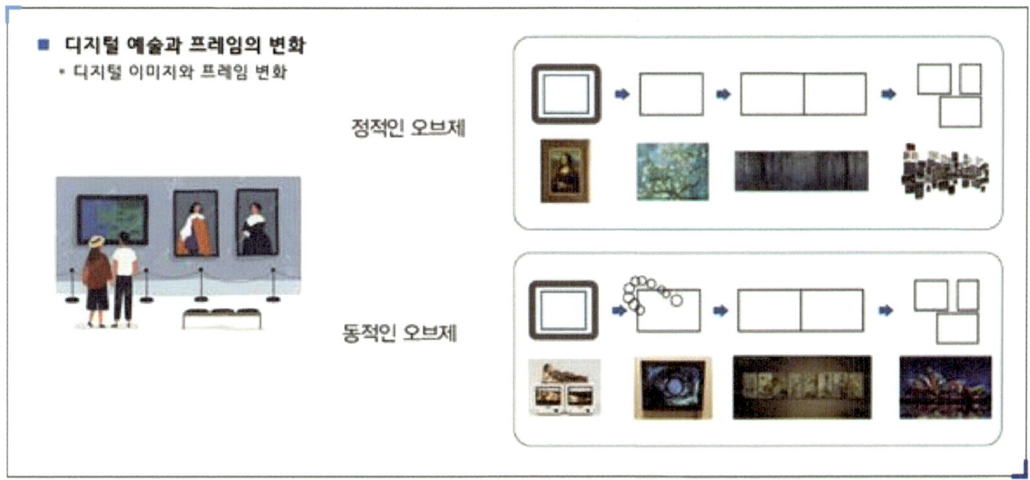

[그림 50] 디지털 이미지와 프레임의 변화

Key Concept | 핵심 개념

The painting frame represents the birth of perspective and visual order.
회화 프레임은 원근법과 시각 질서의 탄생을 상징한다.

2) 영화 프레임(Movie Frame)

영화의 등장은 전통적인 이미지의 정적 프레임이 움직이는 프레임(moving frame)으로 진화하는 계기가 되었다. 영화는 단순히 장면을 제시하는 것이 아니라, 몽타주(montage), 편집(editing), 서사적 리듬(narrative rhythm)을 통해 인식을 구성한다. 움직이는 프레임은 정지된 이미지를 시간과 운동의 흐름 속 시각적 경험으로 전환시켜, 시각·시간·감정을 하나의 연속된 인식으로 융합한다.
영화이론가 앙드레 바쟁(André Bazin)은 영화의 프레임을 "세상을 비추는 창이자 동시에 현실을 규정하는 경계"로 보았다.

Key Concept | 핵심 개념

The movie frame extends the visual field through motion and time.
영화 프레임은 운동과 시간을 통해 시각의 범위를 확장한다.

최근 디지털 영화의 특성을 살펴보면 과거 배우들은 무대 위 카메라 앞에서 동료 배우들과 하던 연기를 이제는 크로마 촬영기법이나 XR스튜디오에서 가상의 이미지를 상상하며 자신만의 연기를 해야 하는 시대이다. 또한 초기 영화의 등장은 연극을 흉내 냈는데 대표적인 감독이 조르쥬 멜리에스(Marie-Georges-Jean Méliès)[5]이다. 또한 초기 영화에서 나타나는 단조로운 앵글과 연극의 통조림과 같았던 문제점들을 데이비드 와크 그리피스(David Wark Griffith)[6]는 영화에 풍부한 매력을 더하면서 영화적 문법을 발견하여 미국 영화뿐만 아니라 세계 영화의 역사에 불멸의 이름을 남겼다.

조르주 멜리에스 : 달세계여행(1902)
A Trip to the Moon [그림 51]

https://ko.wikipedia.org/wiki/%EB%8B%AC%EC%84%B8%EA%B3%84_%EC%97%AC%ED%96%89

데이비드 와크 그리피스 : 국가의 탄생 (1915)
The Birth of a Nation [그림 52]

https://namu.wiki/w/%EB%8D%B0%EC%9D%B4%EB%B9%84%EB%93%9C%20%EC%99%80%ED%81%AC%20%EA%B7%B8%EB%A6%AC%ED%94%BC%EC%8A%A4

5) 프랑스의 마술사이자 영화 제작자로써 초창기 영화제작 기술과 장르 발전을 이끈 선구자로 평가받는다.
6) "영화의 아버지"라고 불리는 미국의 영화감독이다.

일반적으로 연극의 시선은 고정된 자세에서 보지만 영화는 카메라의 이동이 가능하며 숏트(컷과 컷 사이 이어지는 한 장면)를 연결하여 장면을 만들 수 있다는 특성이 있다. 즉 이야기를 시각화하여 전달한다는 점과 편집을 통해 융합(재구성)한다는 점에서 미장센[7]과 몽타주[8]의 예술이라고 할 수 있다. 컷은 각 표현에서 기본적인 최소단위로 영화나 드라마에서는 각 장면의 구분 점을 뜻하고 만화에서는 칸을 뜻한다. 영화적 '몽타주'의 대표 이론과 그 이론을 발전시킨 영화 거장들로는 러시아 영화의 아버지로 불리는 쿨레쇼프와 그의 제자인 푸도프킨 그리고 에이젠슈테인이 있다.
쿨레쇼프는 프랑스의 실험적인 무성 영화들과 미국 그리피스 영화편집(고전적 연속편집)방식에서 영향을 받았다. 이전까지의 영화는 시간과 공간에 충실하게 연결하여 영화의 숏트들을 구성했다면 그는 이러한 숏트들을 충돌 병치시키면 똑같은 필름이라도 관객에게 전달되는 의미는 달라질 수 있음을 주장하였다.
푸도프킨은 촬영된 각각의 장면을 분해 및 조립이 가능한 소재로 여기면서 '영화 예술의 기초는 편집이다.'라고 주장한다. 그는 영화가 '촬영된다'라는 생각은 전적으로 오해라고 주장한다. 즉 영화는 숏트 하나하나를 통한 의미심장한 시각적 패턴을 편집 데스크위에서 조립하고 구성되는 직조과정이라는 이론이다.

에이젠슈테인은 스승인 쿨레쇼프나 동료인 푸도프킨처럼 몽타주가 영화예술의 기본이라고 믿었다. 하지만 그들의 기계적이며 비유기적으로 나열되는 편집 개념을 비판하면서 한 단계 발전한 몽타주 이론을 구축했다. 에이젠슈테인의 몽타주 이론의 핵심을 살펴보면 기술적으로 보면 모든 게 몽타주라고 할 수 있다. 드라마 몽타주는 대화의 연결을 통해 장면이 연결되지만 에이젠스제인은 a와 b가 만나서 c를 연출한다는 논리이다. 즉 숏트와 숏트는 단지 결합이나 나열이 아니라 충돌하고 갈등하는 관계로 이어져야만 더 의미 있는 결과가 나온다는 것이다. 숏트와 숏트 사이

---

7) **미장센(Mise－en－scène, 무대 위 배치)**은 간단히 말해서 극 또는 영상 매체에서 무대라는 프레임속에 어떤 것들을 배치할 것인가의 문제로 시각적 연출에 따른 미학(美學)이다. 작품의 줄거리, 설정, 감독의 의도 등을 관객들에게 간접적으로 전달하며 무대 위 등장인물의 역할이나 동작, 소품, 무대 장치, 조명, 카메라 위치, 촬영 각도 등을 계획하고 구성하는 행위이다.

8) **몽타주(montage, 문화어 : 판조립)**는 따로 촬영된 화면을 떼어 붙이면서 새로운 장면이나 내용을 만드는 기법으로 프랑스어 mantor(모으다)에서 유래된 단어이다. 쉽게 생각하면 영화에 있어서 가장 작은 단위인 숏트를 모으는 편집으로 영화나 사진의 편집 구성의 한 수법으로 간주된다. 즉 숏트와 숏트 사이에 관계를 부여하여 감독의 의도나 이야기를 효과적으로 전달하기 위한 편집기법이다.

의 이행은 물 흐르듯 자연스러운 것이 아니라 날카롭고 충격적이며 때로는 폭력적인 충돌이라는 의미에서부터 시작된다고 주장한다.

3) 디지털 프레임과 확장된 시각성(Digital Frame and Expanded Visuality)

디지털 시대의 프레임은 더 이상 고정된 경계가 아니라, 동적인 인터페이스(dynamic interface)이다. 스크린, 증강현실(AR), 가상환경은 안과 밖, 현실과 가상의 경계를 흐릿하게 만든다. 디지털 프레임은 상호작용적이며 참여적인 시각 구조로, 사용자가 시각의 장(field)에 직접 개입하여 재구성할 수 있다. 전통적 프레임이 닫힌 체계였다면, 디지털 프레임은 열린 시각체계(open visual system)로 작동하며, 관찰자는 의미의 공동 창조자(co-creator)가 된다. 이 변화는 확장된 시각성(expanded visuality)의 개념을 낳으며, 지각은 물리적 한계를 넘어 디지털 공간과 결합한다.

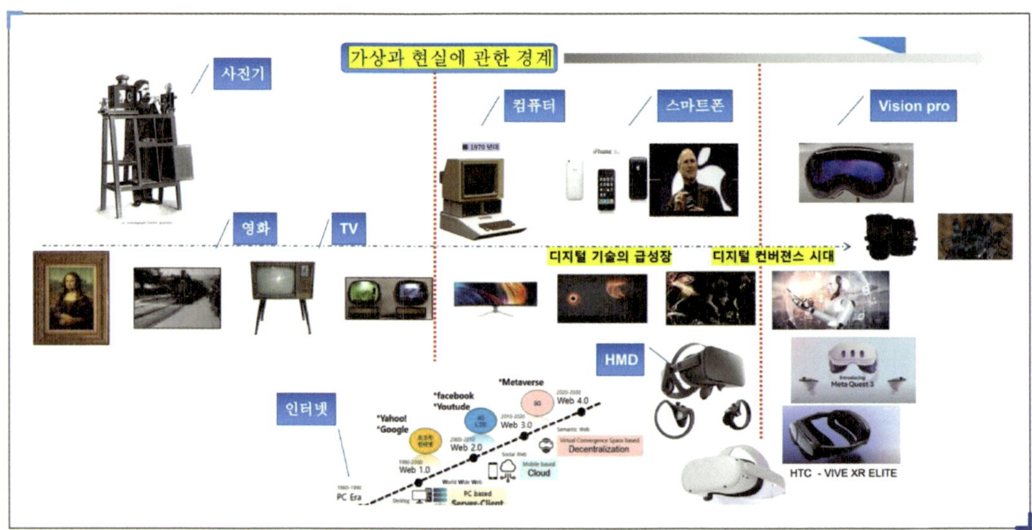

[그림 53] 디지털 프레임 확장

Key Concept | 핵심 개념

The digital frame transforms viewing into interaction.
디지털 프레임은 '보기'를 '상호작용'으로 전환시킨다.

3.6 몰입감(Immersiveness)

1) 오감을 통한 몰입요소(Immersion Factors through the Five Senses)

몰입은 감각적 지각(sensory perception)에서 시작된다. 시각, 청각, 촉각, 미각, 후각의 오감은 인간 경험의 기반이며, 디지털 매체는 이를 재현하거나 시뮬레이션하려 한다. 디지털 환경에서 시각과 청각이 가장 우세하지만, 햅틱 인터페이스(haptic interface)와 다감각 미디어(multisensory media)의 발전은 몰입을 단순한 시각적 참여를 넘어 신체적 감각의 통합적 경험으로 확장시킨다. 감각 자극이 풍부하고 동기화될수록, 사용자는 더 강한 존재감(presence)을 느낀다.

Key Concept | 핵심 개념

Immersion deepens as sensory synchronization increases.
감각의 동기화가 높을수록 몰입의 깊이는 커진다.

2) 디바이스 상호작용을 통한 몰입요소(Immersion Elements through Device Interaction)

몰입은 또한 사용자와 디바이스 간의 상호작용에 의해 좌우된다. 가상현실(VR)과 증강현실(AR)에서는 HMD(헤드 마운트 디스플레이), 모션 센서, 컨트롤러 등의 장치가 실시간 피드백을 제공하며, 사용자의 행위와 디지털 사건을 연결한다. 가상세계 속에서 행위의 주체감(agency)을 느끼는 정도가 몰입의 핵심 요소이다. 상호작용이 자연스럽고 즉각적일수록, 사용자의 현실적 자아와 가상 자아는 더 매끄럽게 결합된다.

Key Concept | 핵심 개념

Immersion arises from real-time, natural feedback between user and device.
몰입은 사용자와 디바이스 간의 실시간·자연스러운 피드백에서 발생한다.

3) 스토리텔링 기반의 몰입요소(Storytelling - based Immersion Elements)

서사는 몰입을 이끄는 또 다른 강력한 요인이다. 감각과 상호작용이 신체를 몰입시킨다면, 스토리텔링은 정신을 몰입시킨다. 서사의 일관된 구조는 감정적 연속성을 만들어내며, 사용자가 등장인물과 이야기의 세계에 감정이입(empathy)하도록 이끈다. 디지털 예술, 게임, 가상공간에서는 인터랙티브 스토리텔링(interactive storytelling)이 사용자의 선택을 통해 서사를 변화시키며, 감정적 참여와 의미 구성을 극대화한다.

Key Concept | 핵심 개념

Story is the emotional architecture of immersion.
서사는 몰입의 감정적 구조물이다.

4) 메타버스 환경에 필요한 몰입요소(Immersion Elements Required for the Metaverse Environment)

메타버스에서의 몰입은 감각적·상호작용적·서사적 요소가 통합된 총체적 형태를 요구한다. 진정한 몰입은 사용자가 현실과 가상 간의 연속성(continuity)을 경험하며, 디바이스와 공간을 자유롭게 오갈 때 이루어진다. 이는 감각적 사실성뿐 아니라 사회적 존재감(social presence), 정체성의 지속성(identity persistence), 환경의 일관성(environmental coherence)을 포함한다. 따라서 메타버스의 몰입은 단순한 기술적 현상이 아니라, 인간의 인지와 공동체를 가상 차원으로 확장하는 문화적 조건이다.

Key Concept | 핵심 개념

Immersion in the metaverse unites body, mind, and community in digital continuity.
메타버스의 몰입은 신체·정신·공동체의 디지털적 연속성을 통합한다.

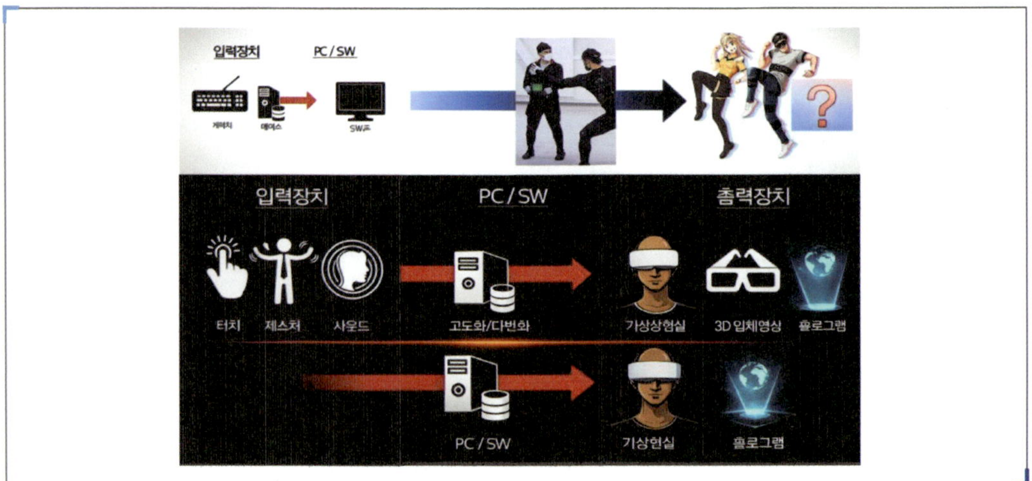

[그림 54] 몰입을 위한 디바이스의 변화

몰입의 다차원 구조도(The Dimensions of Immersion)

[Sensory Immersion] → Physical perception
(감각적 몰입 - 오감, 감각자극)
↓
[Interactive Immersion] → Agency and feedback
(상호작용적 몰입 - 주체감, 반응성)
↓
[Narrative Immersion] → Emotional identification
(서사적 몰입 - 감정이입, 의미 형성)
↓
[Metaverse Immersion] → Integrated digital experience
(메타버스 몰입 - 감각·서사·공동체 통합)

4. 가상과 현실의 중첩(Overlap of Virtuality and Reality)

4.1 디지털 예술과 프레임의 변화(Digital Art and Changes in Framing)

1) 디지털 이미지의 특성

디지털 이미지는 기존의 아날로그 이미지와 달리, 물질적 흔적이 아닌 데이터 단위의 시각 구조로 이루어진다. 즉, 디지털 이미지는 화소(pixel)라는 수치 정보의 집합으로 구성되어 있으며, 이 정보는 저장·복제·변형·생성이 모두 가능하다. 이는 회화나 사진처럼 물질적 재료에 의존하던 매체의 한계를 넘어, 정보의 조합과 재구성을 통한 시각적 확장을 가능하게 한다.

따라서 디지털 예술에서 이미지는 현실의 복제물이 아니라 정보의 시뮬레이션이다.

기존의 매체가 현실을 재현(representation)하는 방식이었다면, 디지털 이미지는 알고리즘을 기반으로 새로운 형태의 시각적 생성(visual generation)을 수행한다. 이러한 특성은 예술가가 현실을 모방하는 것을 넘어서, 데이터를 조형 재료로 사용하는 정보예술(information art)의 시대를 열었다.

Key Concept | 핵심 개념

디지털 이미지는 물질이 아닌 데이터로 구성되며, 복제와 변형이 가능한 시각적 정보 구조이다.

2) 디지털 이미지 프레임 유형

디지털 환경에서의 프레임은 더 이상 하나의 고정된 화면이나 경계로 작동하지 않는다. 그 대신, 다양한 정보와 상호작용이 중첩되는 열린 구조의 인터페이스로 기능한다. 이러한 특성에 따라 디지털 이미지의 프레임은 다음과 같이 분류할 수 있다.

1. 레이어형 프레임(Layered Frame)

여러 층의 시각 정보가 하나의 화면에 중첩되어, 가시적 이미지와 비가시적 데이터가 동시에 존재한다. 예를 들어, 포토샵(Photoshop)의 작업 화면이나 3D 모델링 프로그램의 다층 구조가 대표적이다.

2. 상호작용형 프레임(Interactive Frame)

사용자의 행위나 입력에 반응하여 실시간으로 변화하는 프레임 구조이다. 터치스크린, VR 인터페이스, 제스처 인식 시스템 등이 이에 해당하며, 관람자와 작품의 경계가 허물어진다.

3. 네트워크형 프레임(Networked Frame)

인터넷과 데이터베이스에 연결되어 외부 정보와 상호작용하는 구조이다. 하나의 화면이 아닌 연결된 데이터 프레임으로서, 끊임없이 갱신되고 확장되는 시각 체계를 형성한다.

이와 같은 프레임의 다층화와 상호작용성은 예술의 감상 방식을 '보는 것(Viewing)'에서 '참여하는 것(Participating)'으로 변화시켰다. 즉, 디지털 프레임은 작품과 관람자, 현실과 가상, 내부와 외부의 경계를 해체하는 열린 시각체계(Open Visual System)로 기능한다.

Key Concept | 핵심 개념

디지털 프레임은 정지된 경계가 아닌 상호작용과 연결을 통해 확장되는 개방적 시각 구조이다.

3) 디지털 이미지와 시각적 확장

디지털 예술의 본질은 시각성의 확장(Expanded Visuality)에 있다. AR(증강현실), VR(가상현실), MR(혼합현실), 그리고 AI 기반 이미지 생성 기술은 현실 공간 위에 새로운 시각 경험을 덧입히거나, 존재하지 않는 가상의 공간을 실재처럼 체험할 수 있도록 만든다.

이러한 확장은 관람자의 위치를 근본적으로 바꾼다. 이전의 예술이 '보는 주체'를 전제했다면, 디지털 예술은 관람자를 참여자이자 공동 창작자(Co-Creator)로 전환시킨다.

시각적 경험은 더 이상 작품의 내부에서만 완성되지 않으며, 사용자의 움직임, 선택, 반응에 의해 지속적으로 변형된다. 결국 디지털 예술은 기술을 통해 인간의 인식 구조를 확장시키며, 시각 예술을 지각·감각·정보의 융합 공간으로 변화시킨다.

Key Concept | 핵심 개념

디지털 예술은 현실과 가상을 융합하여 인간의 지각을 확장시키는 시각적 체험의 장이다.

<table>
<tr><th colspan="4">프레임 확장 유형</th><th>시각화</th><th colspan="2">예시작품</th><th colspan="2">재현방식</th></tr>
<tr><td rowspan="7">물리적 관점</td><td rowspan="3">단일 프레임</td><td colspan="2" rowspan="2">기본형</td><td rowspan="2"></td><td rowspan="2"></td><td rowspan="2"></td><td colspan="2">디지털 모니터 led 방식</td></tr>
<tr><td>임상국</td><td>줄리아 오피</td></tr>
<tr><td colspan="2">'—'자 형</td><td></td><td colspan="2"></td><td colspan="2">프로젝트 영사방식</td></tr>
<tr><td rowspan="4">멀티 프레임</td><td rowspan="4">프레임 by 프레임형</td><td rowspan="2">'—' 자 형</td><td rowspan="2"></td><td colspan="2" rowspan="2"></td><td colspan="2">led 방식</td></tr>
<tr><td colspan="2">임상국</td></tr>
<tr><td rowspan="2">복합형</td><td rowspan="2"></td><td rowspan="2"></td><td rowspan="2"></td><td>tv 모니터</td><td>led</td></tr>
<tr><td>백남준</td><td>유아트(주) 최환조 대표</td></tr>
</table>

프레임 확장 유형				시각화	예시작품	재현방식
			‘ㄱ’자 (90도~180도)형	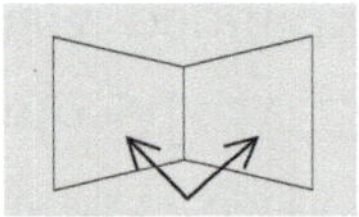		프로젝트 영사방식 (주)미디어앤아트 지성욱
			‘ㄷ’자 (180도~270도)형	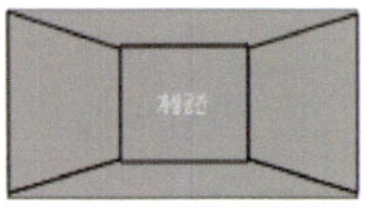	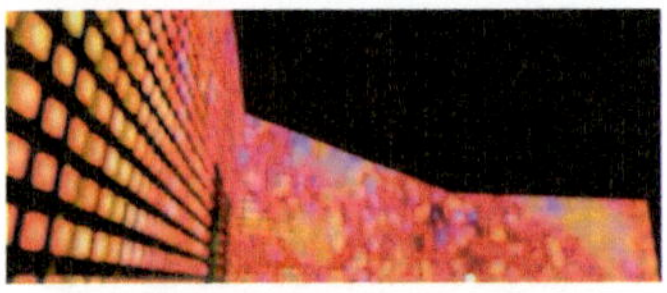	led 전병삼
			‘ㄷ’자 (270도~300도)형			프로젝트 영사방식 클림트 인사이드 전
			‘큐브’ (300도~360도)형	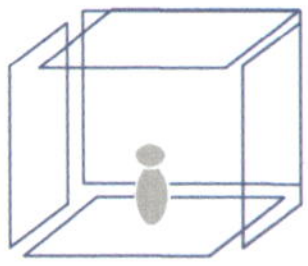		프로젝트 영사방식 team Lab, Interactive Digital Installation
		프레임 간(間) 프레임형	단독형	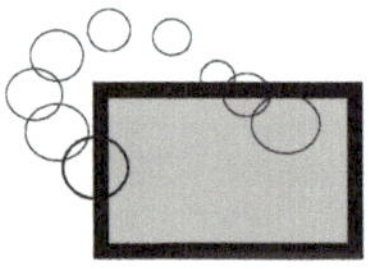	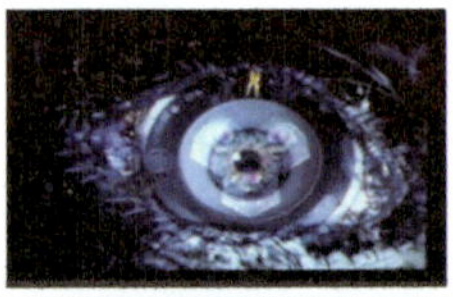	디지털 모니터 임상국
			복수형			프로젝트 영사방식
			큐브형	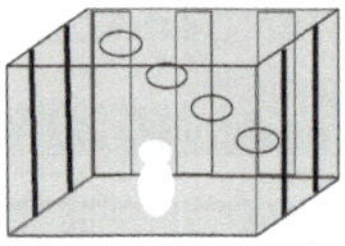		프로젝트 영사방식 고흐 전
			기둥형	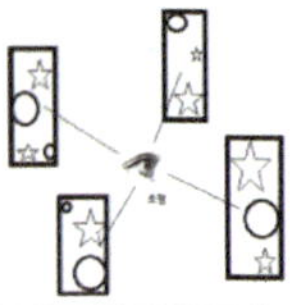		led 최종범

[그림 55] 디지털 예술과 프레임의 변화

4.2 실감형 콘텐츠 사례

1) 국내 사례

한국에서는 실감형 콘텐츠가 문화예술, 관광, 산업 등 다양한 분야에 적용되고 있다. 대표적으로 'DMZ 평화예술 프로젝트'는 프로젝션 매핑과 3D 사운드를 활용하여 비무장지대를 가상의 문화 공간으로 재구성함으로써, 예술을 통한 사회적 메시지를 전달한다. 또한 '메타버스 서울 갤러리'는 온라인 공간에서 시민이 참여할 수 있는 전시 환경을 구축하였으며, '부산 XR 아트 페스티벌'은 지역 예술가와 기술기업이 협업하여 AR·VR 기반의 몰입형 전시를 선보였다.

이러한 사례들은 예술적 감상 행위가 단순한 시청에서 벗어나, 참여와 체험의 예술로 전환되고 있음을 보여준다.

Key Concept | 핵심 개념

국내 실감형 콘텐츠는 기술과 예술의 결합을 통해 참여형 문화 경험을 창출한다.

2) 해외 사례

해외에서는 예술가들이 데이터, 공간, 감각을 매개로 한 몰입형 디지털 환경(Immersive Environment)을 적극적으로 실험하고 있다. 대표적으로 레픽 아나돌(Refik Anadol)의 Machine Hallucinations 시리즈는 도시의 데이터를 시각화하여, 건축 공간 전체를 하나의 살아있는 영상 캔버스로 변환한다. 또한 팀랩(teamLab)의 인터랙티브 전시는 관람자의 움직임과 손짓에 반응하며, 물리적 공간을 디지털 빛과 감각의 흐름으로 재구성한다. 이러한 작품은 관람자가 작품 속을 '들어가서 경험하는 예술'을 구현하며, 전통적인 프레임 개념을 완전히 해체한 체험형 예술(Experiential Art)의 방향성을 보여준다.

Key Concept | 핵심 개념

해외의 실감형 예술은 기술적 실험성과 감각적 몰입을 결합한 새로운 시각 경험을 창조한다.

3) 기타 사례 및 비교 분석

국내외의 사례를 비교해보면, 공통적으로 몰입·참여·데이터 시각화라는 흐름이 존재한다. 그러나 그 접근 방식에는 차이가 있다. 국내의 경우, 실감형 콘텐츠가 사회적 서사와 지역적 맥락을 강조하는 반면, 해외의 예술은 데이터의 미학적 추상화와 기술적 실험성을 중심으로 발전하고 있다. 이러한 차이는 결국 가상과 현실의 중첩이 단순한 기술적 현상을 넘어 각 문화가 지닌 인식과 감성의 구조를 반영하는 결과임을 보여준다.

즉, 실감형 콘텐츠는 기술의 발전이 예술의 형식을 바꾸는 것에 그치지 않고, 인간이 세상을 인식하고 감각하는 방식을 근본적으로 재구성하고 있다.

Key Concept | 핵심 개념

가상과 현실의 중첩은 기술·예술·인간 감각의 융합을 통해 새로운 인식의 패러다임을 형성한다.

[현실과 가상의 중첩 구조]

[현실 기반 예술] → [기계적 재현 매체] → [디지털 매체] → [실감형 미디어]
(회화, 사진)(영화, 프로젝션)(스크린, 네트워크) (AR, VR, XR, 메타버스)

이 도식은 매체가 현실을 재현하는 단계를 넘어, 인간의 감각이 기술을 통해 확장되는 과정을 시각적으로 표현한다. 현실과 가상의 중첩은 이제 '경계의 해체'가 아니라, 지각의 확장과 감각의 융합으로 이해된다.

융합형 프레임 확장	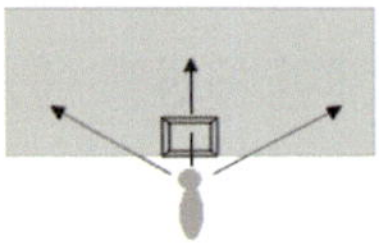		AR형
	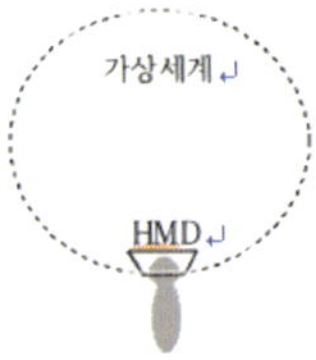 가상세계 HMD		VR 형

융합형 프레임 확장	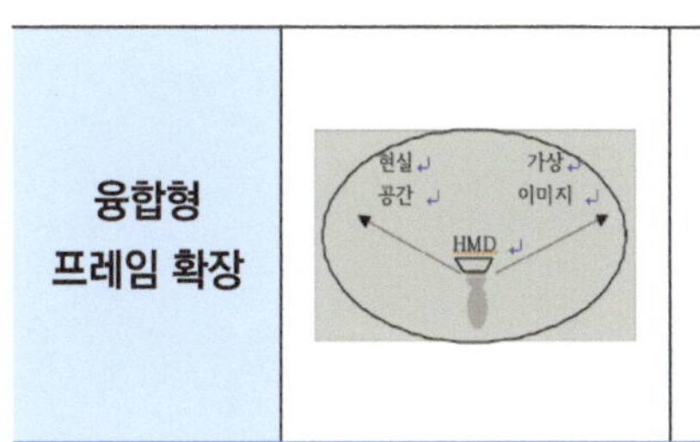	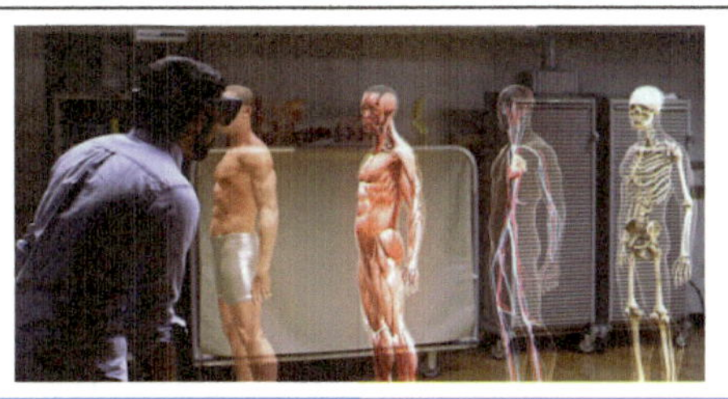	MR형

[그림 55 - 1] 융합형 프레임 확장 사례

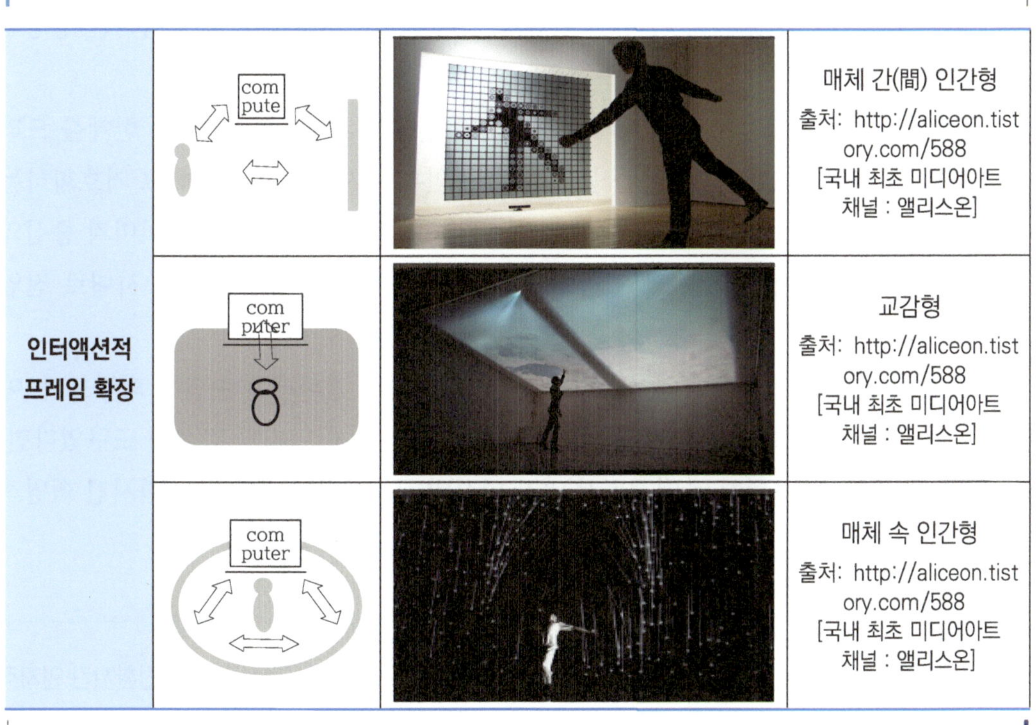

인터액션적 프레임 확장			
	com pute		매체 간(間) 인간형 출처: http://aliceon.tistory.com/588 [국내 최초 미디어아트 채널 : 앨리스온]
	com puter		교감형 출처: http://aliceon.tistory.com/588 [국내 최초 미디어아트 채널 : 앨리스온]
	com puter		매체 속 인간형 출처: http://aliceon.tistory.com/588 [국내 최초 미디어아트 채널 : 앨리스온]

[그림 55 - 2] 인터액션적 프레임 확장 사례

5. 이미지의 시대에서 프롬프트의 시대로 (From the Age of Image to the Age of Prompt)

5.1 미디어의 변천사

1) 이미지의 시대 → 문자(Text)의 시대로

인류 문명의 초기는 이미지의 시대였다. 동굴벽화나 암각화, 토템과 같은 시각적 기호는 인간의 경험과 감정을 기록하고 공유하는 가장 원초적인 수단이었다. 이 시기의 이미지는 단순한 그림이 아니라, 인간이 세상을 이해하고 의미를 구성하는 상징적 사고의 도구였다.

그러나 사회가 복잡해지고 지식이 축적되면서, 이미지 중심의 표현은 한계를 드러냈다. 기억과 전달의 효율성을 높이기 위해 인류는 사고를 추상화하고 기호화하는 체계, 즉 문자(language as symbol)를 발명하였다. 이로써 인류는 이미지 중심의 감각적 문화에서 벗어나, 사고와 개념이 언어로 체계화되는 문자의 시대로 진입하였다.

문자는 시간과 공간의 제약을 넘어 정보를 저장하고 전파하는 수단이 되었으며, 이는 곧 지식의 기록과 문명 발전의 기초가 되었다. 즉, 이미지가 감성의 도구였다면, 문자는 이성을 표현하는 매체로서 인간 인식의 구조를 근본적으로 변화시킨 혁명적 사건이었다.

Key Concept | 핵심 개념

문자의 발명은 인간의 사고를 시각화하고, 감각 중심의 인식에서 이성 중심의 인식으로 전환시킨 인지적 혁명이었다.

2) 문자(Text)의 시대 → 디지털 이미지(Video)의 시대로

인쇄술의 발달과 함께 문자는 오랫동안 정보 전달의 중심 매체로 자리하였다. 그러나 19세기 후반, 사진과 영화, 텔레비전의 등장으로 인간은 다시 시각 중심의 경험으로 회귀하였다.

이는 문자 중심의 사고 체계가 시각적 이미지에 의해 확장되고, 감각적 이해와 즉각적인 공감 능력이 강화된 새로운 문화 환경의 출현이었다. 특히 디지털 기술의 발전은 영상(media image)의 개념을 근본적으로 바꾸어 놓았다.

영상은 단순한 기록이 아니라, 데이터로 변환되고, 압축·편집·전송될 수 있는 정보의 형태가 되었다. 이로써 인류는 디지털 이미지의 시대, 즉 '보는 것이 곧 읽는 것(seeing is reading)'인 시대에 진입하게 되었다.

디지털 영상은 언어보다 빠르고 감각적으로 정보를 전달하며, 하나의 이미지가 다층적인 의미를 내포함으로써 지식의 시각화(visualization of knowledge)를 가능하게 한다.

그 결과 현대인은 텍스트를 읽기보다 이미지를 소비하고 해석하는 존재로 변화하였다.

Key Concept | 핵심 개념

디지털 이미지의 등장은 인간의 인식 방식을 텍스트 중심에서 시각 중심으로 전환시킨 새로운 미디어 혁명이었다.

3) 디지털 이미지(Video)의 시대 → 다시 텍스트(Prompt)의 시대로

21세기 들어 인공지능(AI) 기술의 급속한 발전은 다시 인간의 표현 체계를 텍스트 중심 구조로 되돌리는 현상을 만들어내고 있다. 이것이 바로 프롬프트(Prompt)의 시대이다. AI 이미지 생성기(Stable Diffusion, Midjourney 등), 대화형 AI(Chat GPT)와 같은 시스템은 인간이 언어로 입력한 프롬프트를 기반으로 새로운 이미지를 생성한다. 즉, 인공지능은 언어를 통해 시각을 만들어내는 기술, 다시 말해 "말하는 것이 곧 그리는 것(Speaking is Drawing)"의 시대를 열었다. 이러한 변화는 단순한 기술적 전환이 아니라, 언어가 다시 창조의 중심으로 복귀한 인식 구조의 변화를 의미한다.

과거의 문자가 기록의 수단이었다면, 오늘날의 프롬프트는 생성의 명령어이다. 프롬프트는 인간의 사고, 상상력, 감각을 데이터로 변환하고, 이를 통해 인공지능과 함께 새로운 형태의 예술과 지식을 만들어낸다. 결국 프롬프트의 시대는 이미지와 문자가 완전히 분리된 것이 아니라, 언어가 이미지를 생성하고, 이미지가 다시 언어로 해석되는 순환적 구조를 형성한다.

이는 곧 '문자와 이미지의 융합적 패러다임'이자, 생성적 사고(Generative Thinking)의 시대라 할 수 있다.

Key Concept | 핵심 개념

프롬프트의 시대는 언어가 이미지의 창조 도구로 전환된 시대이며, 인간의 사고와 인공지능의 계산이 결합된 생성 인식의 시대이다.

[미디어 발전의 순환 구조]

[이미지의 시대] →	[문자의 시대] →	[디지털 이미지의 시대] →	[프롬프트의 시대]
(감각적 표현)	(지적 표현)	(시각적 정보)	(언어 기반 생성)

이 도식은 인류의 미디어가 직선적 발전이 아닌, 감각과 언어, 이미지와 텍스트가 서로를 보완하며 반복적으로 순환하는 과정을 나타낸다. 프롬프트의 시대는 문자로 돌아가는 회귀가 아니라, 언어가 다시 창조적 매체로 확장되는 진화의 과정이라 할 수 있다.

5.2 디지털 미디어와 가상현실

1) 메타버스의 의미와 가능성

메타버스(Metaverse)는 현실과 가상이 결합된 확장된 디지털 공간을 의미한다. 'Meta'는 '초월' 또는 '확장'을 뜻하며, 'Universe'는 '세계'를 의미한다. 즉, 메타버스는 물리적 세계를 넘어 가상공간 속에서 이루어지는 또 하나의 사회적·문화적 생태계이다. 메타버스는 단순한 기술 플랫폼이 아니라, 인간의 정체성과 사회적 관계가 재구성되는 새로운 생활 세계(Life world)로 이해할 수 있다. 사용자는 가상의 아바타로 존재하며, 이곳에서 경제활동, 교육, 예술, 커뮤니티 등 다양한 행위를 수행한다. 이는 디지털 미디어가 단순히 정보를 전달하는 수단에서 벗어나, 인간의 삶과 문화가 실재적으로 전개되는 무대로 확장되었음을 보여준다.

Key Concept | 핵심 개념

메타버스는 현실을 모사하는 공간이 아니라, 인간의 인식과 행위가 새로운 방식으로 확장되는 제2의 사회적 세계이다.

증강현실(Augmented Reality)

현실 속에 디바이스를 통해 가상의 이미지를 증강시켜 주는 기술
ex) '포켓몬 고' 게임, 구찌 스니커 개라지, SNOW, 차량용 HUD 등

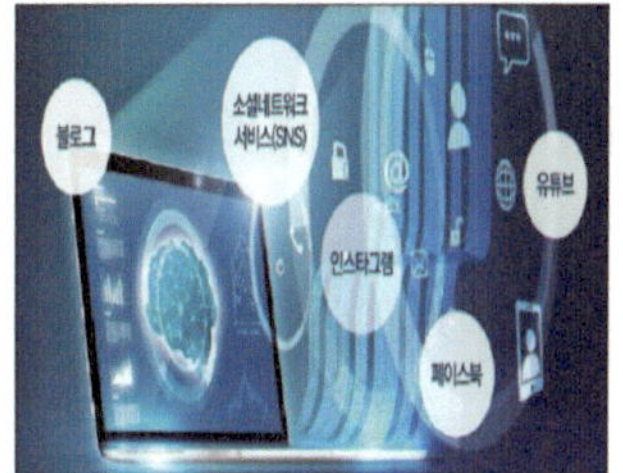

라이프 로깅(Lifelogging)

삶을 뜻하는 'Life'와 흔적이라는 'Logging'의 합성어로 사용자 자신의 삶에 관한 경험과 정보에 초점을 두는 메타버스형 SNS기술.
ex) 웨어러블 디바이스, 블랙박스, 페이스북, 인스타그램 등

거울세계(Mirror Worlds)

실제 세계를 있는 사실 그대로 반영하되 정보적으로 선택, 확장된 가상세계로 실제 모습, 정보 구조 등을 그대로 만들어 낸 메타버스
ex) 네이버 지도, 카카오 택시, GPS, 배달의 민족 등

가상세계(Virtual Worlds)

3차원 디지털 데이터로 구축한 메타버스로 현실과 유사하지만, 가상 세계로만 존재하는 생활공간. 무한한 상상에 의해 만들어진 공간, 시대, 문화, 재도 등 디지털 세상을 통해 자유롭게 구현하는 모든 것.
ex) 온라인 멀티플레이어 게임, 세컨드 라이프, VR Chat, 로블록스 등

[그림 56] 메타버스 특징 4가지

5.3 AI 가상 세계 속 캐릭터(버추얼 휴먼)

가상현실 플렛폼으로써 메타버스 공간은 제4차 산업혁명의 기술적 집약체라 할 수 있다. 인공지능, 블록체인, 가상현실(VR), 증강현실(AR), 디지털 트윈(Digital Twin), 클라우드 컴퓨팅 등은 모두 메타버스의 기반 기술로 작용한다.

AI는 가상 세계 속 캐릭터(버추얼 휴먼)나 사용자 맞춤형 서비스에 활용되고, 블록체인은 디지털 자산의 소유권을 보장하며, IoT는 현실 데이터를 실시간으로 가상공간에 반영한다. 이러한 기술들의 결합은 "현실의 확장(Extended Reality)"을 가능하게 하며, 교육·산업·문화·예술 등 다양한 분야에서 새로운 상호작용 방식을 창출한다.

예를 들어, 스마트시티의 디지털 트윈 시스템은 도시의 교통·에너지·환경 데이터를 실시간으로 시각화해 관리 효율을 높이고, 메타버스 회의 플랫폼은 물리적 거리를 초월한 협업 환경을 제공한다.

결국, 제4차 산업혁명은 메타버스의 기술적 토대를 제공하고, 메타버스는 그 결과로서 인간 경험의 새로운 패러다임을 제시한다.

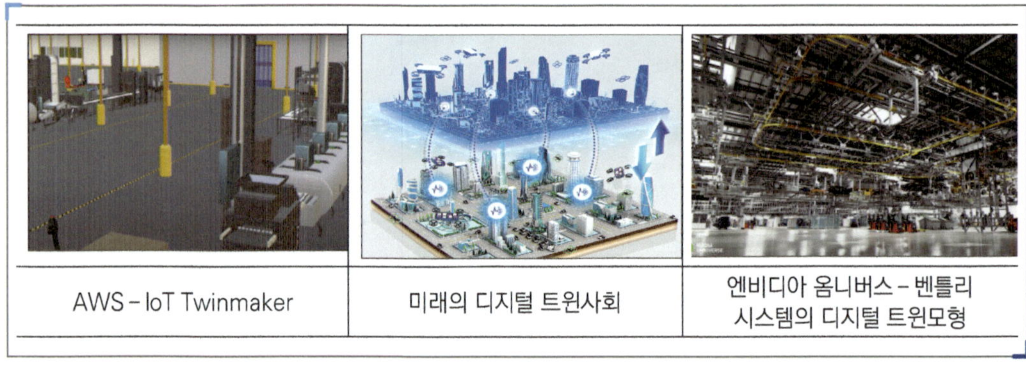

AWS – IoT Twinmaker	미래의 디지털 트윈사회	엔비디아 옴니버스 – 벤틀리 시스템의 디지털 트윈모형

[그림 57] 디지털 트윈 기술의 변화

1) 가상인간(Virtual Human)의 등장과 활용

메타버스 환경의 또 하나의 특징은 가상인간(Virtual Human)의 등장이며, 이들은 단순한 디지털 캐릭터를 넘어 인공지능 기반의 사회적 존재로 진화하고 있다.

가상인간은 실제 사람처럼 말하고, 움직이며, 감정을 표현할 수 있으며, 방송, 광고, 교육, 예술, 상담, 엔터테인먼트 등 다양한 분야에서 활용되고 있다.

대표적인 예로 '로지(ROZY)'나 '릴 미쿠엘라(Lil Miquela)' 같은 인플루언서형 가상인간은 현실 인플루언서와 동일한 영향력을 행사하며 새로운 디지털 셀럽 문화를 형성하고 있다. 가상인간은 또한 기업의 홍보대사, 가상 강사, 예술 창작의 파트너 등으로 활동하며, AI와 인간이 협업하는 새로운 관계적 구조를 만들어가고 있다. 이 과정에서 우리는 인간의 정체성, 감정, 존재 개념에 대한 새로운 질문과 마주하게 된다.

[그림 58] 버츄얼 인플루언서(Virtual Influence)의 사례

Key Concept | 핵심 개념

가상인간은 인간의 외형을 모방한 기술적 존재를 넘어, 인공지능을 통해 자율적 의사소통과 창조적 행위를 수행하는 디지털 주체로 진화하고 있다.

〈프레임의 확장과 메타버스 세계〉

[근대의 시각체계]
원근법적 시점, 단일 시각, 이성 중심의 인식
↓
[디지털 시각체계]
다중 화면, 상호작용, 네트워크형 구조
↓
[메타버스 시각체계]
몰입, 참여, 현실 – 가상 융합, 가상인간의 등장

이 도식은 시각체계가 단순히 '보는 방식'에서 '존재하고 참여하는 방식'으로 진화하는 과정을 보여준다. 프레임은 더 이상 단일한 화면의 경계가 아니라, 현실과 가상을 연결하는 인식의 플랫폼으로 확장되었다.

AI 시대! 디지털 문화콘텐츠의 이해

AI Era : Understanding Digital Cultural Contents

— 디지털 시대, 미디어·예술·기술의 융합을 탐구하다 —

— Exploring the Convergence of Media, Art, and Technology in the Digital Age —

03

4차 산업혁명과 통신기술의 이해
(Understanding the Fourth Industrial Revolution and Communication Technology)

1. 4차 산업혁명
(Industry 4.0)
2. 웹의 진화와 가상현실의 역사
(Evolution of the Web & VR)
3. 홀로그램 기술과 응용
(Hologram Technology & Applications)

03
4차 산업혁명과 통신기술의 이해
(Understanding the Fourth Industrial Revolution and Communication Technology)

1. 4차 산업혁명(Industry 4.0)

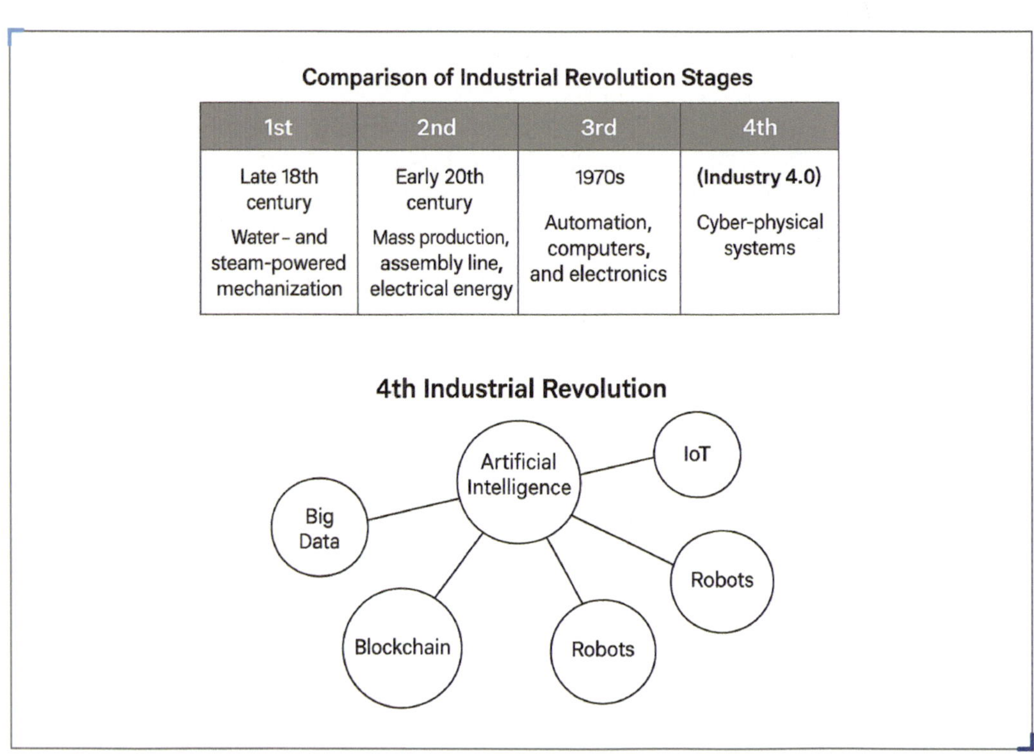

[그림 59] 4차 산업혁명 특징

1.1 4차 산업혁명의 의미와 전개

제4차 산업혁명은 디지털 기술을 기반으로 한 초연결·초지능 사회의 도래를 의미한다. 이는 18세기 증기기관을 중심으로 한 제1차 산업혁명, 19세기 전기와 대량생산 체계를 확립한 제2차 산업혁명, 그리고 20세기 후반 정보화 시대를 이끈 제3차 산업혁명 이후 등장한 새로운 산업 패러다임이다.

제4차 산업혁명은 단순히 기술의 발전만이 아니라, 인간·기계·데이터 간의 융합을 중심으로 이루어진다. 클라우드, 인공지능(AI), 사물인터넷(IoT), 빅데이터, 로봇, 블록체인 등 다양한 기술이 서로 연결되어 하나의 거대한 생태계를 형성하고 있으며, 이를 통해 생산과 소비, 교육과 문화, 예술과 산업의 경계가 빠르게 사라지고 있다.

예를 들어, 스마트공장은 IoT 센서와 로봇, 인공지능을 결합하여 생산 공정을 자동화하고 효율을 극대화하며, 의료 분야에서는 원격 진료와 AI 진단이 가능해졌다. 이러한 변화는 물리적 공간과 디지털 공간의 경계를 허물고, 현실과 가상세계가 통합된 하이퍼 리얼리티(hyper reality) 사회로 발전하고 있음을 보여준다.

1.2 5G 통신기술

이동통신 기술의 변화

구분	시기	서비스	내용
1세대(G)	1980년대	음성, 아날로그 통신	통화만 가능, 음성 잡음 심하고 혼선 발생
2세대(G)	1990년대	음성+문자, 디지털 통신	안정적 통화, 문자전송
3세대(G)	2000년대	음성+문자+영상, CDMA, GSM 통신	스마트폰의 등장, 음성과 문자, 영상통화 가능 본격적인 데이터의 유통
4세대(G)	2010년대	음성+문자+영상+데이터, LTE, LTE-A 방식	데이터 사용의 증가로 CDMA 방식에서 LTE 등장
5세대(G)	2020년대	4G LTE보다 최대 20배 빠른 초고속 서비스	초저지연, 초연결 기능 접목 사물인터넷 등 새로운 기술을 우리 일상 속에서 이용할 수 있게 함

메타버스의 발전은 5G 초고속 통신 기술의 등장을 통해 본격화되었다. 5G는 초고속(High Speed), 초저지연(Low Latency), 초연결(Hyper Connectivity)을 특징으로 하며, 이 기술을 기반으로 한 실시간 상호작용은 실감형 콘텐츠(Realistic Media)의 핵심이 된다.

5G 환경에서는 방대한 양의 데이터를 지연 없이 송수신할 수 있어, VR·AR·XR 콘텐츠의 현실감과 반응성을 극대화할 수 있다.

예를 들어, 원격 협업, 가상 공연, 실시간 스트리밍 전시 등은 더 이상 '시뮬레이션'이 아닌 실시간 경험의 사회적 활동으로 변화하고 있다. 이처럼 통신기술의 발달은 가상의 세계를 현실의 시간과 연결시키며, 실감형 사회(Immersive Society)의 기반을 마련하고 있다.

Key Concept | 핵심 개념

5G 기술은 가상의 시간을 현실의 속도로 연결하며, 인간의 감각과 네트워크가 실시간으로 통합되는 실감형 사회를 가능하게 한다.

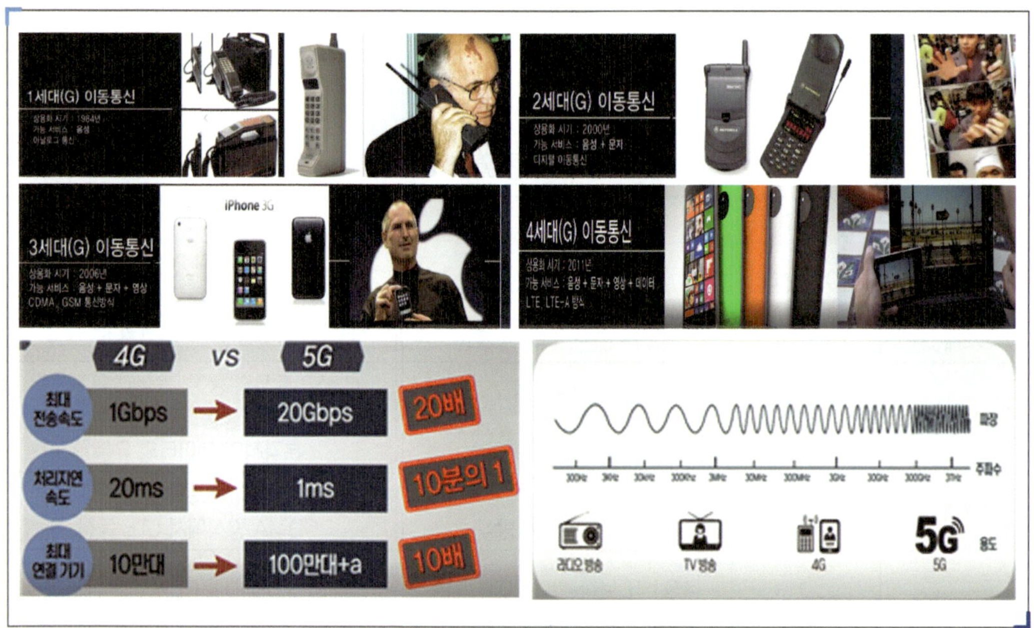

[그림 60] 5세대 이동통신의 특징

1.3 실감형 미래사회의 변화와 전망

제4차 산업혁명은 사회 구조 전반에 걸쳐 변화를 촉발한다.

첫째, 노동의 자동화와 함께 인간의 역할이 창의성과 감성 중심으로 이동한다.

둘째, 데이터 기반 사회로 전환되면서, 개인 정보 보호와 디지털 윤리 문제가 새롭게 대두된다.

셋째, 가상경제의 부상으로 NFT, 가상자산, 디지털 아이덴티티 등 새로운 가치체계가 등장한다.

향후 6G 통신망과 인공지능의 고도화는 실시간 실감형 인터랙션을 가능하게 하고, 현실과 가상을 완전히 융합한 초실감 사회로 발전할 것이다. 이러한 변화는 인간의 생활 방식뿐 아니라 예술, 교육, 문화의 표현 방식까지 확장시킬 것이다.

1) 산업혁명의 4단계 요약

구분	시기	주요 기술	특징
1차 산업혁명	18세기	증기기관	기계화(Mechanization)
2차 산업혁명	19세기 후반	전기, 철강, 조립라인	대량생산(Mass Production)
3차 산업혁명	20세기 후반	컴퓨터, 자동화	정보화(Informationization)
4차 산업혁명	21세기	AI, IoT, 빅데이터, 블록체인	지능화(Intelligence & Connectivity)

2) 산업 구조의 지능화

산업의 중심축이 제조 중심(Manufacturing)에서 데이터 중심(Data-driven Industry)으로 이동했다. 기계가 정보를 생성하고 분석하며, 인간은 의사결정과 창의적 기획에 집중한다. 기업 경쟁력의 기준이 '생산 규모'에서 '데이터 분석력·창의력'으로 전환되었다.

3) 융합 산업의 등장

4차 산업혁명은 산업 간 경계를 허물어 IT+BT+CT (정보기술+생명공학+문화기술)의 융합을 촉진했다. 예를 들어,

- 헬스케어+AI → 디지털 의료(Digital Health)
- 엔터테인먼트+기술 → 메타버스·VR콘텐츠
- 예술+과학 → AI 예술(Art & Tech)

이러한 변화는 산업이 '기술의 산업'에서 '지능의 산업'으로 재편되고 있음을 보여준다.

Key Concept | 핵심 개념

"4차 산업혁명은 인간과 기계, 산업과 예술, 물질과 데이터가 융합되는 '지능의 문명시대'이다."

요약(Summary)

4차 산업혁명은 AI·IoT·데이터·자동화를 중심으로 한 지능화 혁명(Intelligent Revolution)이다. 인공지능은 인간의 사고를 확장하고, IoT는 세계를 하나의 네트워크로 연결한다. 산업 구조는 제조 기반 → 데이터 기반, 물질 중심 → 정보 중심으로 변화하고 있다. 이 혁명은 기술 발전을 넘어, 인간·기계·사회·문화가 공진화(co-evolution)하는 새로운 문명 단계이다.

4) 5G의 개념과 특징

5세대 이동통신(5G, Fifth Generation Mobile Network)은 4G LTE보다 20배 이상 빠른 속도, 낮은 지연시간, 대규모 연결성을 갖춘 초고속 네트워크 기술이다.

항목	4G	5G
최대 전송속도	1Gbps	20Gbps
지연시간(Latency)	50ms	1ms 이하
연결 가능 기기 수	10만 대/km²	100만 대/km²
핵심 기술	LTE	Massive MIMO, Beamforming, Network Slicing

5G는 실시간 스트리밍, 자율주행, 메타버스, 원격 의료 등 지연 없는 통신 환경이 필요한 산업의 기반이 되고 있다. 또한, 5G는 AI·IoT·XR 콘텐츠와 결합되어 초연결사회(Hyper-Connected Society)를 실현하고 있다.

5) 6G의 비전과 방향성

6세대 이동통신(6G)은 2030년경 상용화를 목표로 연구 중이며, 초지능(Ultra Intelligence)과 초실감(Ultra Reality)을 실현하는 차세대 네트워크이다.

- **속도** : 5G보다 50배 빠른 1Tbps 수준
- **지연시간** : 0.1ms 이하
- **기능** : AI 네이티브(AI-Native), 홀로그램 통신, 우주인터넷(Satellite Internet)
- **핵심 목표** : 디지털 공간과 물리적 현실의 완전한 융합

Key Concept | 핵심 개념

6G는 '인공지능이 통신망을 관리하고 예측하는 자율형 네트워크'로 진화할 것이다.

1.4 Digital Twin and Hyper-Realistic Network(디지털 트윈과 초실감 네트워크)

[그림 61] '버츄얼 싱가포르' 프로젝트

1) 디지털 트윈의 개념

디지털 트윈(Digital Twin)은 현실 세계의 사물·공간·시스템을 디지털 공간에 그대로 복제해 실시간으로 연동하는 기술이다. 즉, 현실의 데이터를 기반으로 한 가상의 거울세계(Mirror World)라고 할 수 있다.

구성요소	설명
물리적 객체 (Physical Object)	현실의 기계·도시·인간 등 실제 대상
가상 모델 (Virtual Model)	3D 시뮬레이션 및 데이터 모델
연결 네트워크 (Connectivity)	IoT·5G·AI를 통한 실시간 동기화

2) 디지털 트윈의 활용 분야

- **스마트 제조** : 공정 데이터를 실시간 모니터링하여 효율성 최적화
- **도시 관리** : 스마트시티 내 교통·환경·에너지 시뮬레이션
- **건축·인프라** : 설계 단계부터 유지보수까지 예측적 관리
- **헬스케어** : 환자의 생체데이터 기반 개인 맞춤형 치료 시뮬레이션

3) 초실감 네트워크(Hyper-Realistic Network)

초실감 네트워크는 5G·AI·XR·디지털 트윈 기술이 통합된 미래형 통신 환경이다. 단순한 데이터 전송이 아니라 감각·공간·시간을 실시간으로 동기화하는 커뮤니케이션 구조를 지향한다.

예를 들어, 메타버스 속 공연장이나 원격 협업 공간은 초실감 네트워크를 통해 현실과 동일한 감각적 몰입을 제공한다.

Key Concept | 핵심 개념

디지털 트윈과 초실감 네트워크는 '보는 인터넷'에서 '존재하는 인터넷(Internet of Presence)'으로의 전환을 의미한다.

요약(Summary)

통신기술의 진화는 Web 1.0~3.0의 발전과 더불어, 정보 전달 중심에서 참여·지능·탈중앙화의 시대로 이동하였다. 5G·6G 기술은 초고속·초연결·초지능 통신환경을 실현하며 AI, IoT, XR, 메타버스 산업의 기반이 되고 있다. 디지털 트윈과 초실감 네트워크는 현실과 가상의 융합(Hybrid Reality)을 가능하게 하며, 인류 커뮤니케이션의 새로운 장을 열고 있다.

1.5 주요 핵심 기술과 응용

제4차 산업혁명을 구성하는 핵심 기술들은 서로 상호작용하며 새로운 가치를 창출한다.

1) 인공지능(AI)

AI는 기계가 인간의 사고 과정을 학습하고 스스로 판단·예측하도록 하는 기술이다. 딥러닝과 머신러닝 알고리즘을 기반으로, 자율주행차·음성인식·이미지 생성 등 다양한 분야에 활용되고 있다.

① 인공지능(AI)의 정의

인공지능(AI, Artificial Intelligence)은 인간의 학습·추론·판단·창의적 사고를 모방하거나 대체하는 기술이다. 즉, 인간의 두뇌 기능을 컴퓨터 알고리즘을 통해 구현한 '지능의 기술화(Intelligence Engineering)'이다.

Key Concept | 핵심 개념

"AI는 정보를 처리하는 도구가 아니라, 데이터를 기반으로 학습하고 스스로 판단하는 '지능적 존재'로 진화했다." — 『디지털 문화콘텐츠의 이해』 중

② AI의 발전 단계

구분	특징	대표 기술
1세대 (규칙 기반)	인간이 정의한 규칙에 따라 문제 해결	전문가 시스템
2세대 (기계학습 기반)	데이터로부터 패턴을 학습	머신러닝, 딥러닝
3세대 (생성형 지능)	창작·예술·언어 등 인간 고유 영역 진입	ChatGPT, Stable Diffusion

③ 자동화(Automation)의 진화

초기의 자동화는 생산 공정에서 반복적 작업을 기계로 대체하는 수준이었으나, AI가 결합되면서 지능형 자동화(Intelligent Automation)로 발전했다. 로봇(Robot), 자율주행(Vehicle), 스마트 팩토리(Smart Factory) 등이 대표적 사례이다. 인간의 노동이 기계로 대체되는 것이 아니라, 기계가 인간의 판단과 창의적 결정을 보조하는 협업형 구조로 진화하고 있다.

Key Concept | 핵심 개념

"AI와 자동화는 인간의 역할을 줄이는 것이 아니라, 인간의 사고 영역을 확장시키는 도구이다."

2) 사물인터넷(IoT)

IoT는 인터넷을 통해 모든 사물들이 연결되는 네트워크 기술이다. 스마트홈, 웨어러블 디바이스, 도시 인프라 등에서 실시간 데이터 수집과 제어가 가능하며, 인간의 생활 편의성을 크게 향상시킨다.

① IoT의 개념

사물인터넷(IoT, Internet of Things)은 사람뿐 아니라 사물이 네트워크로 연결되어 데이터를 주고받는 환경을 의미한다. 모든 물체가 센서와 통신기능을 내장해 정보를 주고받으며, 세상 전체가 하나의 거대한 컴퓨팅 네트워크로 작동한다.

요소	기능
센서(Sensor)	사물의 상태·환경을 감지
네트워크(Network)	데이터를 클라우드로 전송
플랫폼(Platform)	데이터 수집·처리·분석
서비스(Service)	분석된 데이터를 기반으로 자동 제어·의사결정 수행

② 데이터 생태계(Data Ecosystem)의 구조

현대 산업의 핵심은 '데이터의 흐름'이다. IoT를 통해 수집된 데이터는 클라우드와 AI 시스템을 거쳐 분석 → 예측 → 의사결정으로 이어지는 데이터 순환 구조(Data Cycle)를 형성한다. 데이터는 더 이상 단순한 정보가 아니라, 산업과 사회를 움직이는 새로운 에너지(New Energy)로 작동한다.

③ IoT 응용 사례

스마트홈(Smart Home) : IoT 기반 가전제품이 사용자 행동을 학습하여 자동 제어 스마트시티(Smart City) : 교통, 에너지, 환경, 방범 등을 통합 관리 스마트 헬스케어 : 웨어러블 기기를 통한 실시간 건강 모니터링 산업 자동화 : 센서 네트워크로 공정 효율화 및 에너지 절감

Key Concept | 핵심 개념

IoT는 인간의 감각기관이 외부로 확장된 형태이며, 디지털 생태계는 그 감각이 네트워크 속에서 상호 연결된 새로운 '지능의 환경'이다.

3) 로봇(Robotics)

로봇 기술은 산업 생산뿐 아니라 서비스, 돌봄, 예술 등으로 영역을 확대하고 있다. 인간형 로봇과 협업 로봇(Cobot)은 인간의 감각과 인공지능을 결합하여 인간 중심의 스마트 환경을 조성한다.

4) 빅데이터(Big Data)

빅데이터는 대량의 정보를 분석해 패턴을 발견하고 예측 모델을 구축하는 기술이다. 정부, 기업, 연구기관에서 의사결정 도구로 활용되며, 개인화된 서비스나 맞춤형 콘텐츠 제공의 기반이 된다.

5) 블록체인(Blockchain)

블록체인은 중앙기관 없이 데이터를 안전하게 분산 저장하는 기술로, 투명성과 보안성이 높다. 금융 거래, 저작권 관리, 디지털 자산 유통 등 다양한 분야에서 신뢰 기반의 새로운 생태계를 가능하게 한다.

이들 기술은 개별적으로 존재하지 않고, 융합(Convergence) 과정을 통해 새로운 산업을 만들어 낸다. 예컨대 인공지능과 빅데이터는 로봇의 판단 능력을 강화하고, IoT와 블록체인은 실시간 거래와 인증 시스템을 구축한다. 이와 같은 초융합(Hyper Convergence) 구조가 바로 제4차 산업혁명의 핵심이다.

2. 웹의 진화와 가상현실의 역사(Evolution of the Web & VR)

2.1 Web의 출현과 발전

웹(Web)은 인간의 정보 습득, 소통, 창작 방식에 근본적인 변화를 일으킨 핵심 기술이다. 웹의 발전 과정은 단순한 정보 전달에서 시작하여, 참여와 공유, 그리고 탈중앙화와 메타버스로 이어지는 단계적 진화 과정으로 설명할 수 있다.

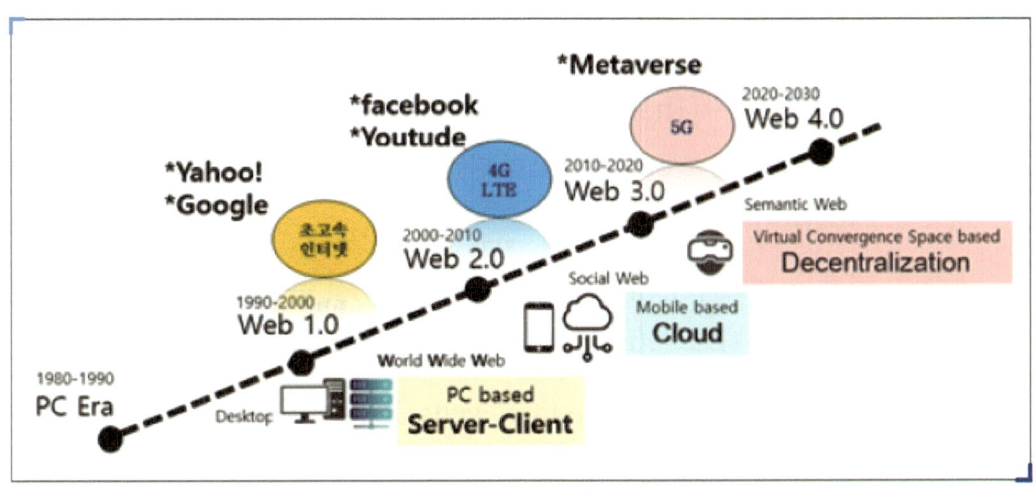

[그림 62] Web의 출현과 진화

1) Web 1.0 : 정보의 시대(The Age of Information)

1990년대 초 등장한 Web 1.0은 인터넷의 '읽기 전용(read-only)' 시대로 불린다. 이 시기의 웹은 사용자가 정보를 소비하는 수동적 구조로, 기업이나 기관이 제공하는 웹사이트에 방문해 텍스트와 이미지를 열람하는 형태였다. HTML 기반의 정적 웹페이지로 구성되었으며, 사용자 간 상호작용은 거의 없었다. 예를 들어, 초기 포털사이트나 백과사전형 웹페이지(예 Yahoo Directory, Britannica Online)는 정보를 단방향으로 제공하는 대표적 사례였다. 이 시기의 웹은 정보 접근성을 획기적으로 높였지만, 참여와 소통 기능이 제한되어 있었다.

요약(Summary)

- 시기 : 1990년대 초~2000년대 초
- 특징 : '읽기 전용(Read - Only)' 웹
  웹사이트가 기업·기관 중심으로 구축되었으며, 사용자는 단순히 정보를 '열람'만 하는 수동적 존재였다. HTML 기반의 정적 웹페이지가 중심이었고, 콘텐츠 생산자는 소수였다.
- 예시 : 초기 Yahoo!, Netscape, 개인 홈페이지 등

Key Concept | 핵심 개념

Web 1.0은 "정보의 공유"를 가능하게 했지만, "참여의 소통"은 부재한 시대였다.

2) Web 2.0 : 참여의 시대(The Era of Participation)

2000년대 중반 등장한 Web 2.0은 웹이 단순한 정보의 공간을 넘어 참여와 공유의 플랫폼으로 진화한 시기이다.

블로그, 위키, 소셜미디어, 유튜브 등은 사용자가 직접 콘텐츠를 생성하고 공유할 수 있도록 하여, '읽기+쓰기(read - write)' 시대를 열었다.

이 시기에는 '집단지성(collective intelligence)'이라는 개념이 등장하여, 다수의 사용자가 협업을 통해 지식을 축적하고 확산시켰다. 또한 플랫폼 기업 중심의 경제 구조가 형성되면서, 페이스북, 구글, 아마존과 같은 글로벌 IT 기업이 새로운 사회·경제적 주체로 부상하였다.

Web 2.0은 사용자의 참여를 통해 혁신을 만들어냈지만, 데이터의 대부분이 거대 플랫폼에 집중되는 중앙집중화 문제를 동시에 낳았다.

요약(Summary)

- 시기 : 2004년~2019년 경
- 특징 : '읽기+쓰기(Read & Write)' 웹

사용자가 직접 콘텐츠를 제작하고 공유하는 참여형 플랫폼(Participatory Platform)이 등장하였다. 블로그, SNS, 유튜브, 위키 등이 대표적인 Web 2.0 서비스이다.

"집단지성(Collective Intelligence)"과 "사용자 생성 콘텐츠(UGC)" 개념이 확립되었다.

Web 1.0	Web 2.0
정적 콘텐츠	동적 콘텐츠
기업 중심	사용자 중심
일방향 전달	상호작용적 공유
정보 소비	정보 생산·참여

Key Concept | 핵심 개념

"Web 2.0은 인터넷을 기술의 공간에서 사회적 공간으로 전환시켰다."

3) Web 2.5 : 연결과 하이브리드 시대(Connected & Hybrid Era)

Web 2.5는 Web 2.0과 Web 3.0의 과도기적 단계로, 현실과 가상이 점차 융합되는 하이브리드 생태계의 시기를 말한다. 소셜미디어, 클라우드, 모바일 환경의 확산과 함께, 가상현실(VR), 증강현실(AR), 인공지능(AI), 블록체인 기술이 점진적으로 웹 환경에 통합되기 시작하였다. 예를 들어, 가상공간에서의 협업 툴(예 MS Teams, Zoom, VR Chat), AI 기반 추천 알고리즘, 클라우드 게이밍 플랫폼 등이 Web 2.5의 전형적 사례이다.

이 시기에는 사용자가 현실과 가상공간을 오가며 활동하는 혼합적 정체성(mixed identity)이 강화되었다. 즉, Web 2.5는 중앙화된 플랫폼 구조를 유지하면서도 탈중앙화 기술의 가능성을 실험하는 연결의 시대였다.

4) Web 3.0 : 탈중앙화와 메타버스(Decentralization & Metaverse)

Web 3.0은 데이터 주권(data sovereignty)과 분산형 구조(decentralization)를 핵심으로 하는 새로운 인터넷 패러다임이다. 이 시기의 웹은 블록체인 기술을 기반으로 하여, 개인이 데이터와 자산의 소유권을 직접 관리할 수 있는 참여자 중심의 생태계를 구축한다.

NFT(Non-Fungible Token), DAO(Decentralized Autonomous Organization), 디지털 지갑(Wallet) 등의 개념은 이러한 구조를 구체화한 대표적인 예이다.
Web 3.0은 또한 가상현실(VR), 증강현실(AR), 혼합현실(MR)과 같은 실감형 기술을 통해 메타버스 환경을 실현한다.

이로써 인간은 단순히 웹을 '사용'하는 존재를 넘어, 가상공간 속에서 활동하고 창조하는 존재로 확장되었다.

즉, Web 3.0은 정보의 공간을 넘어서 경험의 공간(Experience Web)으로 진화한 것이다.

요약(Summary)

- 시기 : 2020년대 이후
- 특징 : '읽기+쓰기+소유(Read, Write & Own)'의 웹 구조
  블록체인, 인공지능, 탈중앙화 네트워크(Decentralized Network)를 기반으로 한다. 데이터 소유권이 중앙 플랫폼이 아닌 개인에게 귀속된다. AI가 사용자의 취향과 행동을 학습하여 개인화된 지능형 서비스(Intelligent Web)를 제공한다.

항목	Web 2.0	Web 3.0
데이터 주체	플랫폼 기업	개인 사용자
주요 기술	SNS, 클라우드	블록체인, AI, NFT
가치 구조	광고 중심	토큰경제(Token Economy)
미디어 구조	중앙 집중형	탈중앙형(Distributed)

Key Concept | 핵심 개념

Web 3.0은 기술적 진화이자, 인간의 주체성과 소유권을 복원하는 새로운 사회 구조의 전환이다.

2.2 가상현실(VR) 기술 동향

가상현실(VR : Virtual Reality)은 사용자가 실제와 유사한 가상공간 속에서 몰입과 상호작용을 경험하도록 하는 기술이다.

이 기술은 단순한 시각적 재현을 넘어, 청각·촉각·공간감각 등 인간의 감각 체계를 통합하여 '실감(Realism)'의 확장을 추구한다.

최근에는 VR을 중심으로 증강현실(AR), 혼합현실(MR), 확장현실(XR)로 개념이 확장되면서, 현실과 가상의 경계가 점차 사라지고 있다.

1) VR - AR - MR - XR 개념 정리

① VR(Virtual Reality, 가상현실)

- **정의** : 완전히 인공적으로 만들어진 3차원 가상공간 속에서 사용자가 몰입·체험할 수 있는 기술.
- **특징** : HMD(Head Mounted Display) 착용을 통해 현실세계가 완전히 차단됨. 사용자는 가상의 세계 안에서 존재감(presence)을 느끼며 상호작용함.
- **활용** : 게임, 시뮬레이션, 가상공간 훈련, 예술전시 등

□ 예시 : Meta Quest VR 게임, Google Earth VR, VR Museum Tour

② AR(Augmented Reality, 증강현실)

- **정의** : 현실 세계에 디지털 이미지를 실시간으로 겹쳐 보여주는 기술.
- **특징** : 현실의 시각정보 위에 3D 오브젝트나 데이터가 중첩되어 나타남. 사용자는 현실과 가상을 동시에 인식하며 현실 강화(reality enhancement)를 경험함.
- **활용** : 교육, 관광, 광고, 위치기반 게임 등

□ 예시 : Pokémon GO, IKEA AR Furniture App, AR Navigation

③ MR(Mixed Reality, 혼합현실)

- **정의** : 현실과 가상이 실시간으로 상호작용하며 결합되는 환경.
- **특징** : 사용자는 가상 객체를 현실 공간 속 물체처럼 조작할 수 있음. 현실의 물리적 공간이 가상 객체의 반응에 직접 영향을 미침.
- **활용** : 산업 설계, 원격 협업, 의료 시뮬레이션, 디지털 트윈 환경 등

□ 예시 : Microsoft HoloLens, Trimble XR10 Construction MR Tool

④ XR(Extended Reality, 확장현실)

- 정의 : VR, AR, MR을 모두 아우르는 개념으로, 현실과 가상이 자유롭게 융합되는 "확장된 경험 영역"을 의미한다.
- 특징 : 시각뿐 아니라 청각·촉각 등 다양한 감각을 통합. 네트워크(5G·6G), AI, IoT와 결합하여 "초실감형 지능 미디어 환경"을 구축.
- 활용 : 메타버스 플랫폼, 디지털 휴먼, 가상공연, 스마트시티 시뮬레이션 등

구분	명칭	개념 요약	대표 기술·사례
VR	Virtual Reality	완전한 가상공간을 생성하여 사용자가 몰입	Meta Quest, SteamVR
AR	Augmented Reality	현실 영상 위에 가상 객체를 중첩하여 표시	Pokémon GO, Snapchat Lens
MR	Mixed Reality	현실과 가상의 객체가 실시간으로 상호작용	Microsoft HoloLens, Magic Leap
XR	eXtended Reality	VR·AR·MR을 포함한 확장 현실 개념	Apple Vision Pro, HTC VIVE XR Elite

이 네 가지 개념은 서로 단절된 기술이 아니라, '현실의 확장'이라는 연속선상에 놓여 있다.

즉, 현실의 정보가 가상공간으로 확장되고, 가상의 정보가 현실로 피드백되는 상호융합형 인터페이스 구조를 형성한다.

2) HMD 디바이스의 발전사

HMD는 VR·AR 경험의 핵심 장치로, 사용자의 시야를 완전히 덮는 디스플레이 장비이다.

1968년 Ivan Sutherland가 개발한 "Sword of Damocles"는 최초의 HMD로 평가되며, 이후 기술은 꾸준히 발전해왔다.

1세대(1960~1990년대) : 실험적 연구 단계. 군사용 시뮬레이터, 연구용 HMD 중심.

2세대(2000~2010년대 초반) : 소비자용 기기의 등장. Oculus Rift, HTC Vive 등 상용화 시작.

3세대(2016~2020년대) : 독립형 VR 기기(Standalone VR) 등장. Meta Quest 시리즈가 대표적.

4세대(2023년 이후) : 혼합현실 기반의 XR 기기 확산. Apple Vision Pro, Varjo XR-4 등 고해상도·공간컴퓨팅 중심으로 진화.

최근 HMD는 단순 시각 기기에서 벗어나, 센서 융합형 공간인지 장치로 발전하였다. 시선 추적(Eye Tracking), 손동작 인식(Hand Tracking), 공간 매핑(Spatial Mapping) 기술이 결합되며, 인간의 감각 입력과 기계의 연산 처리가 실시간으로 통합되고 있다.

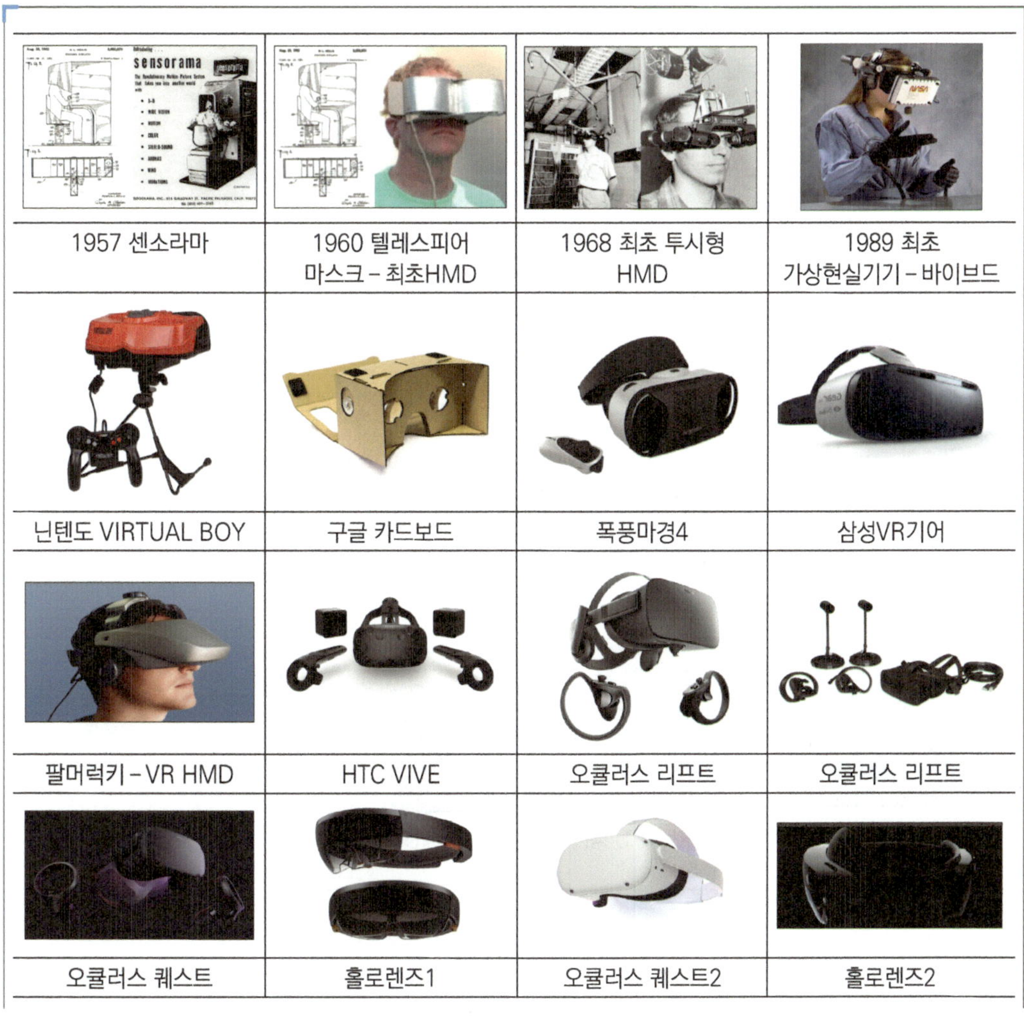

1957 센소라마	1960 텔레스피어 마스크-최초HMD	1968 최초 투시형 HMD	1989 최초 가상현실기기-바이브드
닌텐도 VIRTUAL BOY	구글 카드보드	폭풍마경4	삼성VR기어
팔머럭키-VR HMD	HTC VIVE	오큘러스 리프트	오큘러스 리프트
오큘러스 퀘스트	홀로렌즈1	오큘러스 퀘스트2	홀로렌즈2

Apple Vision Pro	오큘러스 퀘스트3	Meta의 최신 스마트 글래스(Ray-Ban Meta Smart Glasses)	XREAL Air 2 Ultra

[그림 63] HMD 디바이스의 발전사

3) 사용자 인터페이스(UI) 기술의 진화

초기의 VR 시스템은 키보드·조이스틱 기반의 물리적 조작 방식이었다. 그러나 최근에는 자연적 인터페이스(NUI, Natural User Interface)로 발전하였다.

1단계 : 키보드·마우스·조이스틱 기반의 조작

2단계 : 모션 컨트롤러(예 Vive Controller, Oculus Touch)

3단계 : 손동작 인식, 제스처 인식, 음성 인식(Leap Motion, Ultraleap)

4단계 : 뇌파 및 생체신호 기반 인터페이스(BCI : Brain-Computer Interface)

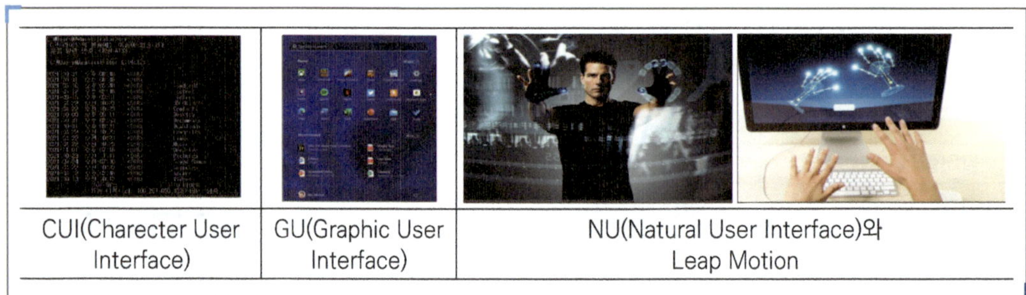

CUI(Charecter User Interface)	GU(Graphic User Interface)	NU(Natural User Interface)와 Leap Motion

[그림 64] 사용자 인터페이스의 변천사

특히, BCI(Brain-Computer Interface)는 인간의 신경신호를 직접 기계에 전달하는 기술로, 가상공간 속 의식적 경험의 실현 가능성을 보여준다.
UI 기술의 발전은 곧 몰입도(Immersion)와 상호작용성(Interaction)의 향상으로 이어진다.

4) XR 실감미디어의 확장

XR 기술은 현재 영상·예술·교육·의료·산업 등 다양한 분야로 확장되고 있다. 예를 들어, 교육에서는 가상실험실(Virtual Lab)을 통한 실습교육이 가능하며, 문화예술 분야에서는 VR 공연, 가상 전시, 메타버스 페스티벌이 등장하고 있다. 또한 영화·공연 산업에서는 볼류메트릭 캡처(Volumetric Capture), 실시간 렌더링 기반의 버추얼 프로덕션(Virtual Production) 기술이 상용화되고 있다. 이러한 XR 미디어는 '보는 것'을 넘어 '체험하는 콘텐츠'로 진화하고 있다.

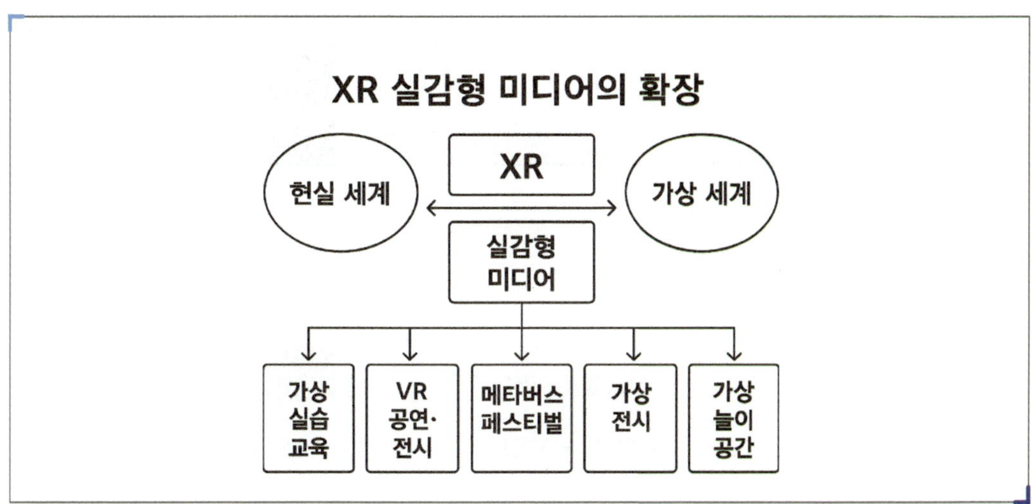

[그림 65] 버추얼 프로덕션(Virtual Production)

5) 가상현실 비즈니스 트렌드

가상현실 산업은 글로벌 시장에서 급속히 성장 중이다. 시장조사기관 Statista(2025)에 따르면, VR·AR 시장 규모는 2030년 약 6,000억 달러 이상으로 성장할 것으로 전망된다.

주요 산업 동향은 다음과 같다.

- **플랫폼 통합화** : VR 기기, 콘텐츠, 스토어가 하나의 생태계로 결합(Meta, Apple, Sony 중심)
- **산업 융합형 서비스** : 교육, 헬스케어, 건축, 관광 등 실무 적용 확대
- **실감경제(Immersive Economy)** : XR을 활용한 가상 전시·NFT 아트·디지털 트윈 도시 등 신산업 창출
- **국내 동향** : K-메타버스 전략, XR 캠퍼스 구축, 산업교육용 VR 콘텐츠 개발이 활발히 추진 중

결국 VR 산업은 단순한 기술이 아니라, 현실의 확장된 경제·문화 생태계로 발전하고 있다.

호라이즌 월드
3D 공간, 기업 홍보

호라이즌 워크룸
업무용 메타버스

스파크 AR

프로젝트 아리아(AR 안경)/
레이벤 스토리지(스마트안경)

webXR

NLLB-200 – 통역 기능

[그림 66] 가상현실 산업동향

3. 홀로그램 기술과 응용(Hologram Technology & Applications)

홀로그램(Hologram)은 빛의 간섭(Interference)과 회절(Diffraction) 원리를 이용하여 3차원 공간 정보를 기록하고 재현하는 기술이다. 즉, 단순히 평면에 영상을 투사하는 것이 아니라, 빛의 위상 정보(phase information)까지 포함하여 입체적 깊이감과 실재감을 시각적으로 구현한다는 점에서 기존 디스플레이 기술과 구별된다.

오늘날 홀로그램은 예술, 공연, 산업, 교육, 의료, 국방 등 다양한 영역에서 현실과 가상을 잇는 실감형 미디어 기술로 주목받고 있다.

[그림 67] 홀로그램 콘서트홀 클라이브(Klive) 공연 모습

3.1 홀로그램 산업의 시장동향

최근 10년간 홀로그램 기술은 디지털 전환(Digital Transformation) 흐름과 함께 급격히 성장해왔다. 시장조사기관 Marketsand Markets(2025) 보고서에 따르면, 글로벌 홀로그램 시장 규모는 2024년 약 58억 달러(USD)에서 2030년 150억 달러 이상으로 성장할 것으로 전망된다. 이 성장은 다음 세 가지 요인에 의해 촉진되고 있다.

① 디스플레이 기술의 고도화 - 마이크로 LED, 라이트 필드(Light Field), 볼류메트릭 디스플레이 등과의 융합.

② 5G·6G 통신 인프라 확산 - 초저지연 데이터 전송을 통한 실시간 홀로그램 스트리밍 가능.

③ 메타버스 및 XR 시장의 확대 - 가상공간 속 실재감 있는 아바타·공간 구현에 홀로그램 기술 적용.

특히, 엔터테인먼트·교육·의료·광고 분야에서 상용화가 빠르게 진행 중이다. 예를 들어, 홀로그램 콘서트(예 BTS, Hatsune Miku 공연)는 현실 무대와 가상 인물의 경계를 허물었고, 의료 분야에서는 홀로그램 CT·MRI 데이터 기반의 3D 해부 시뮬레이션이 실현되고 있다.

3.2 홀로그램의 원리와 종류

홀로그램 기술의 기본 원리는 빛의 간섭과 회절 현상에 있다. 광원이 물체에 반사되어 생긴 물체파(Object Wave)와 기준파(Reference Wave)가 만나면, 그 간섭무늬가 필름이나 센서에 기록된다. 이 간섭무늬를 다시 레이저로 복원하면, 원래의 물체가 존재하던 것처럼 3차원 형태로 보이는 원리이다. 홀로그램의 종류는 제작 방식과 구현 목적에 따라 다음과 같이 구분된다.

구분	설명	예시
광학 홀로그램 (Optical Hologram)	실제 광학 간섭으로 제작된 아날로그형 홀로그램	카드 보안 홀로그램, 전시용 홀로 이미지
디지털 홀로그램 (Digital Holography)	센서 및 디지털 연산을 통해 기록·재현하는 방식	실시간 3D 영상 재현, 의료 영상
볼류메트릭 홀로그램 (Volumetric Hologram)	공간 내 다수의 포인트를 3차원으로 표현	라이트필드 디스플레이, 3D 공간 시각화
인터랙티브 홀로그램 (Interactive Hologram)	센서·모션트래킹을 통해 사용자와 상호작용	홀로그램 교실, 체험형 미디어 아트

오늘날의 대부분 홀로그램은 광학 기반의 전통적 방식보다는 디지털 계산형 홀로그래피(Computer - Generated Holography, CGH)로 구현된다. 이는 AI·GPU 연산을 이용해 빛의 위상 정보를 수학적으로 생성하는 기술로, 실시간 렌더링과 결합되어 홀로그

램 디스플레이의 핵심 기술로 발전하고 있다.

3.3 플로팅 홀로그램 유형

플로팅(Floating) 홀로그램은 특정 매체 없이 공중에 떠 있는 영상을 구현하는 기술이다. 대표적인 방식은 다음과 같다.

1) Pepper's Ghost 방식

투명한 유리나 필름에 영상을 반사시켜 공중에 인물이 떠 있는 듯한 효과를 연출한다. 공연, 전시, 박물관에서 널리 사용한다.

예 Michael Jackson hologram concert, AI avatar exhibition.

2) 홀로 팬 디스플레이(Holo Fan Display)

고속 회전하는 LED 날개 위에 영상을 투사하여 3D 입체 효과 생성.

광고, 안내 키오스크 등에 활용.

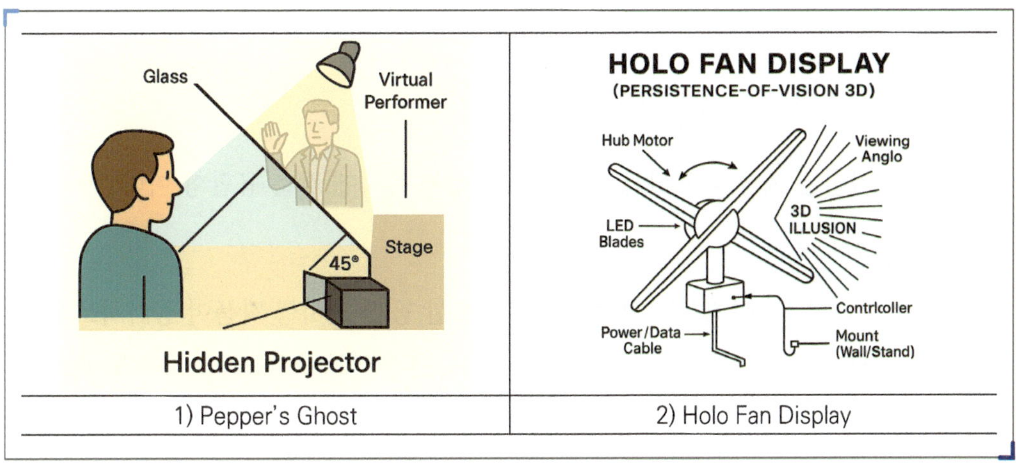

[그림 68] 플로팅(Floating) 홀로그램 유형 1

3) 라이트 필드 및 볼류메트릭 디스플레이(Light Field and Volumetric Display)

수많은 광선(ray)을 계산해 공중의 한 점에 빛을 모으는 방식이다. 진정한 의미의 "공중 부유형 홀로그램"으로, 향후 XR 공간 인터페이스의 핵심 기술로 발전 중이다.

4) 공중 초점형 플라즈마 홀로그램(Aerial Plasma Display)

레이저를 공중에 초점시켜 실제 플라즈마 입자를 발생시켜 빛을 표현한다. 일본 Aerial Burton, 한국 ETRI 등에서 연구 중이다. 아직 상용화 단계는 초기지만 실제 부유하는 3D 물체 구현의 가능성을 제시한다.

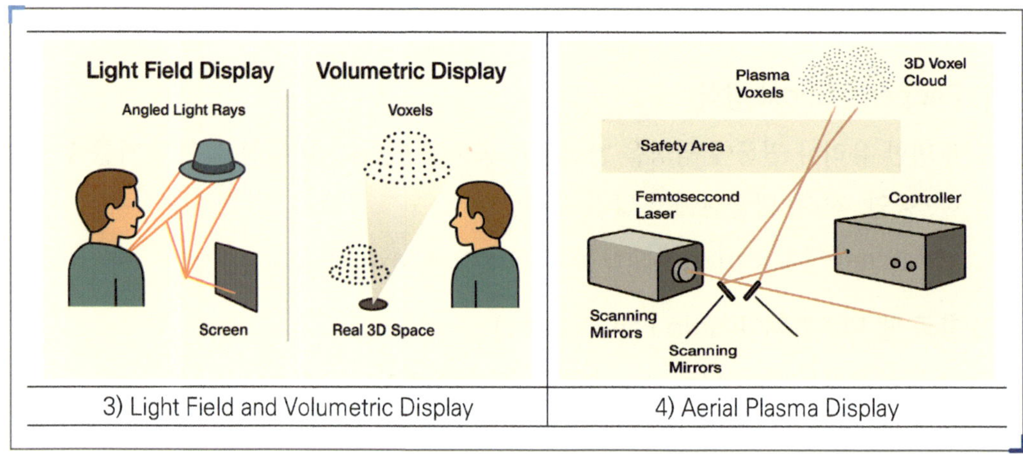

3) Light Field and Volumetric Display	4) Aerial Plasma Display

[그림 69] 플로팅(Floating) 홀로그램 유형 2

3.4 홀로그램의 예술 및 산업 응용

홀로그램 기술은 예술적 표현과 산업적 실용성을 동시에 갖춘 융합형 미디어이다.

1) 예술 분야

- 미디어 아트 전시에서는 홀로그램을 활용한 공간 설치형 작품이 증가하고 있다.
- 예 관람자의 위치에 따라 형태가 변하는 “홀로 인터랙티브 조각(Interactive Sculpture)”
- 예술가들은 홀로그램을 “빛으로 조각하는 예술(Art of Light)”로 해석하며, 비물질적 조형미를 탐구한다.

2) 산업 분야

- **광고·홍보** : 공중에 떠 있는 제품 이미지, 홀로그램 안내원 등 실감형 마케팅 활용.
- **교육·의료** : 3D 해부학, 원격 수술, 가상 실험실 등 입체적 학습 환경 조성.
- **제조·건축** : 3D 설계 데이터의 시각화, 공간 검증 및 시뮬레이션.

• **보안·금융** : 위조 방지를 위한 인증 홀로그램, 암호화된 데이터 홀로 태그.

향후 홀로그램은 공간형 인터페이스(Spatial Interface)로 발전하여, 메타버스와 디지털 트윈 환경에서 실시간 협업과 정보 시각화의 중심 역할을 하게 될 것이다. 즉, 눈앞에 "떠 있는 디지털 창"이 새로운 인간 - 기계 인터랙션의 표준으로 자리 잡을 것으로 전망된다.

1. 제4차 산업혁명과 통신기술

제4차 산업혁명(Industry 4.0)은 디지털·생명·물리 시스템의 융합을 특징으로 하는 새로운 산업 패러다임이다. 인공지능(AI), 사물인터넷(IoT), 로봇, 빅데이터, 블록체인 등 핵심 기술이 상호 연결되며, 인간·기계·데이터가 하나의 네트워크로 통합된다. 이러한 기술 융합은 초연결사회(hyper-connected society)와 초지능사회(hyper-intelligent society)를 가능하게 하였으며, 산업 전반뿐 아니라 커뮤니케이션 구조와 인간의 생활 방식을 혁신적으로 변화시켰다. 특히 메타버스(Metaverse)는 제4차 산업혁명의 집약체로, 가상공간과 실세계가 실시간으로 결합된 실감형 상호작용 환경을 제공한다. 5G·6G 통신 기술, 클라우드 컴퓨팅, 엣지 연산 등이 결합하면서 물리적 한계를 넘어선 **공간적 확장(Spatial Extension)**이 실현되고 있다.

2. 웹(Web)과 가상현실(VR)의 진화

웹의 역사는 정보의 시대 → 참여의 시대 → 연결과 하이브리드 시대 → 탈중앙화와 메타버스 시대로 구분된다. Web 1.0은 정적인 정보 소비 중심의 '읽기 전용' 시대였고, Web 2.0은 사용자가 직접 콘텐츠를 생산·공유하는 참여의 시대였다. Web 2.5는 모바일·클라우드·AI·VR 기술이 결합된 '연결의 시대'를 의미하며, Web 3.0은 블록체인 기반의 탈중앙화된 데이터 생태계로 진화하면서 가상자산·NFT·DAO·디지털 트윈 등 새로운 개념을 등장시켰다. 한편, 가상현실(VR) 기술은 HMD(Head - Mounted Display) 기기의 발전과 함께 실감형 인터페이스로 성장하였다. 현재는 VR·AR·MR·XR을 아우르는 확장현실(Extended Reality) 개념으로 확장되며, 교육, 예술, 산업, 의료 등 다양한 분야에서 활용되고 있다. 결국, 현실과 가상의 통합된 경험(Immersive Experience)이 새로운 미디어 문화를 형성하고 있다.

3. 홀로그램 기술과 응용

홀로그램(Hologram)은 빛의 간섭(Interference)과 회절(Diffraction) 원리를 이용하여 3차원 입체 영상을 재현하는 기술이다. 기존의 2D 디스플레이와 달리 빛의 위상 정보를 포함하여 입체감을 구현하며, 예술·산업·교육 등 다양한 영역으로 확산되고 있다. 홀로그램 기술에는 페퍼 고스트(Pepper's Ghost), 홀로 팬 디스플레이(Holo Fan Display), 라이트 필드(Light Field), 볼류메트릭 디스플레이(Volumetric Display), 공중 플라즈마 디스플레이(Aerial Plasma Display) 등이 있다. 이들은 각각 유리 반사, LED 회전, 광선 복원, 3D 볼륨 생성, 공중 플라즈마 초점 등의 원리를 사용한다. 오늘날 홀로그램은 예술적 표현과 산업적 실용성을 모두 갖춘 융합형 실감 미디어(Immersive Media)로 발전하였다. 예술에서는 가상 공연·전시·미디어 아트로, 산업에서는 의료 영상, 제품 시각화, 건축 설계, 보안 인증 등으로 응용되고 있다. 앞으로 홀로그램은 메타버스와 공간 컴퓨팅(Spatial Computing) 환경 속에서 인간-기계 인터페이스의 핵심 매체로 발전할 전망이다.

핵심어 정리 | Key Keywords

구분	핵심어
제4차 산업혁명 및 통신	인공지능(AI), 사물인터넷(IoT), 로봇, 빅데이터, 블록체인, 5G·6G, 클라우드 컴퓨팅, 엣지 컴퓨팅
웹의 진화	Web 1.0~3.0, 참여, 연결, 탈중앙화, 블록체인, 메타버스, 디지털 트윈, XR
가상현실·XR 기술	HMD, 모션 인식, 자연적 인터페이스(NUI), 볼류메트릭 캡처, 버추얼 프로덕션
홀로그램 기술	페퍼 고스트, 홀로 팬 디스플레이, 라이트 필드, 볼류메트릭 디스플레이, 공중 플라즈마 디스플레이
핵심 개념	몰입(Immersion), 상호작용(Interaction), 융합(Convergence), 공간 컴퓨팅, 실감경제(Immersive Economy)

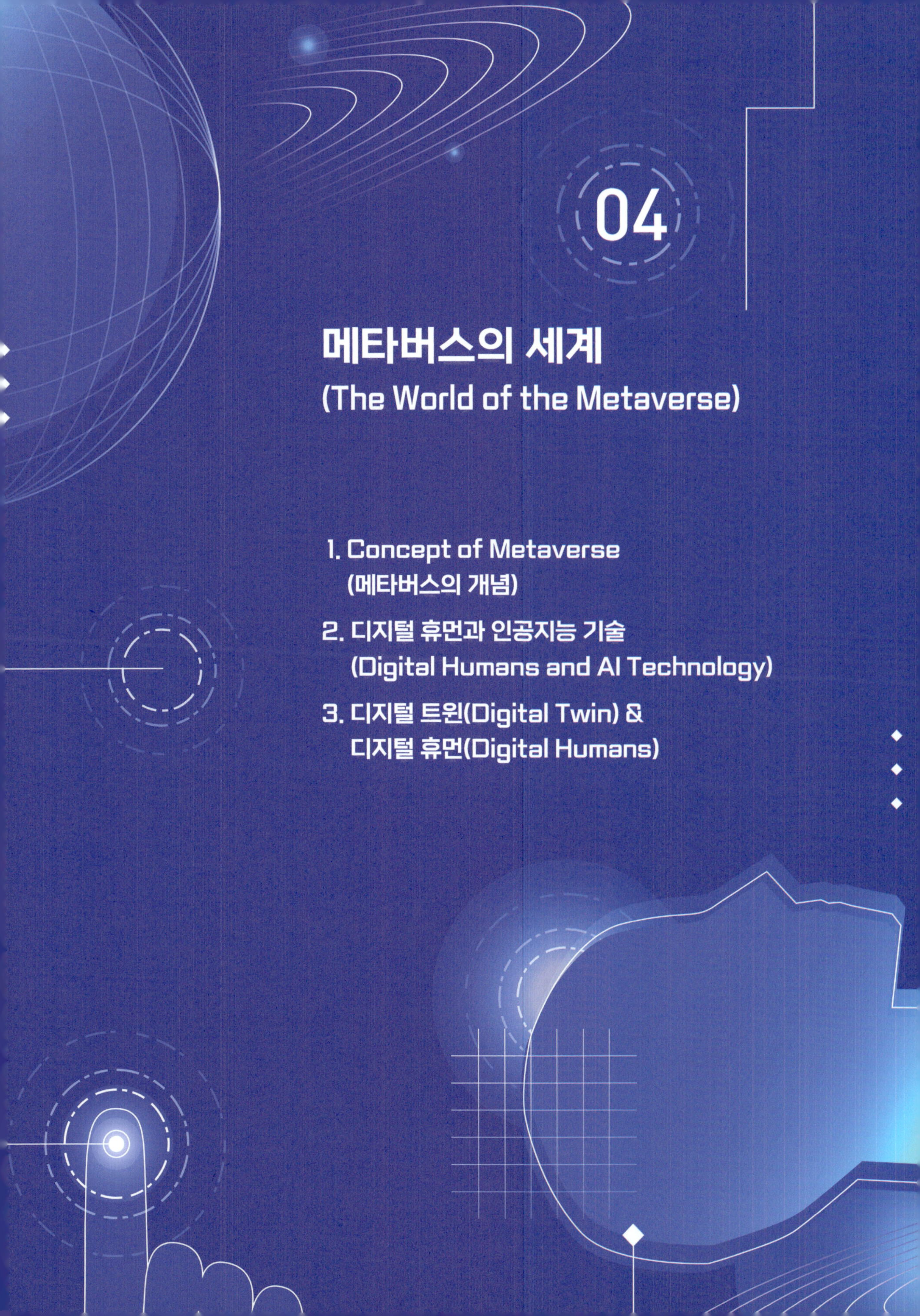

04

메타버스의 세계 (The World of the Metaverse)

1. Concept of Metaverse
(메타버스의 개념)
2. 디지털 휴먼과 인공지능 기술
(Digital Humans and AI Technology)
3. 디지털 트윈(Digital Twin) &
디지털 휴먼(Digital Humans)

메타버스의 세계
(The World of the Metaverse)

1. Concept of Metaverse(메타버스의 개념)

'메타버스(Metaverse)'는 현실세계와 가상세계가 융합된 새로운 디지털 공간을 의미한다. '메타(Meta, 초월)'와 '유니버스(Universe, 세계)'의 합성어로, 이는 단순한 가상현실의 확장이 아니라 "현실과 가상이 공존하며 상호작용하는 사회적 생태계"이다. 메타버스는 사용자(User)가 단순한 관찰자가 아닌 참여자이자 창조자(Creator)로서 가상공간에서 새로운 정체성, 관계, 경제활동을 수행하는 '확장된 현실의 사회 시스템'으로 발전하고 있다. 단순한 가상현실(VR)이나 온라인 플랫폼을 넘어, 사용자 스스로가 세계를 창조·참여·거래·소유할 수 있는 자율적 네트워크 공간이다.

즉, 메타버스는 디지털 자아(avatar)를 중심으로 사회·경제·문화 활동이 이루어지는 새로운 인간-공간 시스템이라 할 수 있다.

1.1 메타버스의 네 가지 유형

메타버스는 목적과 구현 방식에 따라 증강현실(AR), 라이프로깅(Lifelogging), 미러월드(Mirror World), 가상세계(Virtual World)로 구분된다.

구분	개념	주요 특징	예시
증강현실 (Augmented Reality)	현실 세계 위에 디지털 정보를 중첩시켜 확장된 경험을 제공	현실 기반, 실시간 정보 결합, 공간 인식	Pokémon GO, AR 내비게이션
라이프로깅 (Lifelogging)	개인의 삶과 행동 데이터를 기록·공유하는 형태	SNS, 웨어러블, AI 추천	Instagram, TikTok, Fitbit
미러 월드 (Mirror World)	현실 세계를 디지털 공간에 1:1로 재현한 가상 환경	디지털 트윈, 스마트시티, 시뮬레이션	Google Earth, Twinmotion, Naver 3D Map
가상세계 (Virtual World)	완전히 독립된 가상공간에서 사용자 간 상호작용	아바타, 경제 시스템, 창작 환경	Roblox, Zepeto, Second Life, Fortnite

이 네 가지 유형은 서로 분리된 개념이 아니라, 서로 융합되고 진화하는 스펙트럼을 이룬다.

예를 들어, 현실 기반 AR 서비스가 라이프로깅 데이터를 활용하고, 가상세계는 미러 월드의 도시 정보를 반영하여 더욱 사실적인 공간으로 발전한다.

Key Concept | 핵심 개념

"메타버스는 현실을 대체하는 공간이 아니라, 현실을 확장하고 재해석하는 새로운 세계의 창이다."

1.2 메타버스의 특징과 철학(Characteristics and Philosophy of the Metaverse)

메타버스는 기존의 인터넷 서비스와 달리 '개방(Open)'과 '참여(Participation)', 그리고 '탈중앙화(Decentralization)'의 철학을 가진다.

1) 개방형 세계(Open World)

누구나 접근하고 수정 가능한 구조로, 특정 기업이나 기관의 통제 없이 운영된다. 사용자는 콘텐츠 소비자이자 생산자(Creator)로서 활동한다.

2) 샌드박스(Sandbox) 구조

메타버스는 완성된 공간이 아니라 사용자가 직접 조형하고 실험할 수 있는 창조적 플랫폼이다.

예 Roblox, Minecraft와 같은 창작형 생태계

3) 탈중앙화(Decentralization)

블록체인 기반의 분산형 시스템을 통해 데이터와 자산의 소유권이 사용자에게 귀속된다. 이는 Web 3.0 철학과 연결되며, 디지털 주권(Digital Sovereignty) 개념을 강화한다.

메타버스의 철학은 "기술적 확장"을 넘어 인간 경험의 민주화(Democratization of Experience)를 지향한다. 즉, 현실의 한계를 넘어 모든 사용자가 동등하게 창작하고 표현할 수 있는 새로운 문화 생태계를 구축하는 것이다.

① 중앙화의 한계

기존의 인터넷(Web 2.0)은 데이터와 자산이 특정 플랫폼 기업에 집중된 중앙집중형 구조(Centralized System)였다. 이로 인해 사용자들은 콘텐츠를 직접 생

산하지만, 그 소유권과 수익은 플랫폼이 독점하는 문제점이 발생했다.

② 블록체인의 등장

블록체인(Blockchain)은 데이터를 중앙 서버가 아닌 분산 네트워크에 저장하여 투명성과 신뢰성을 확보하는 기술이다. 메타버스는 이 블록체인을 기반으로, 개인 간 직접 거래(P2P Transaction)와 디지털 자산의 진정한 소유(Ownership)를 가능하게 한다.

구분	중앙집중형 시스템	블록체인 기반 시스템
데이터 저장 방식	중앙 서버	분산 네트워크
운영 주체	플랫폼 기업	사용자 공동체
소유권	플랫폼 소유	개인 소유
거래 방식	제3자 인증	스마트 컨트랙트(자동 거래)

③ 탈중앙화(Decentralization)의 의미

메타버스의 탈중앙화는 기술의 개념을 넘어 사회적 가치 구조의 전환을 뜻한다. 사용자 스스로 자신의 정체성·데이터·콘텐츠를 관리하고 그 가치를 자율적으로 교환하는 디지털 자율경제(DAO, Decentralized Autonomous Organization)로 진화한다. 즉, 플랫폼의 권한이 분산되며, 사용자가 곧 "가상공간의 시민(Citizen of Metaverse)"으로 기능하게 된다.

Key Concept | 핵심 개념

"탈중앙화는 기술적 구조가 아니라, 인간의 디지털 주권(Digital Sovereignty)을 회복하는 과정이다."

1.3 Creator Economy(크리에이터 이코노미)

1) 개념 정의

크리에이터 이코노미(Creator Economy)는 개인이 자신의 아이디어·예술·콘텐츠를 디지털 플랫폼을 통해 직접 생산·유통·수익화 하는 창의기반 경제 시스템이다. 즉, "개인이 곧 미디어이며, 브랜드이고, 하나의 경제 주체"로서 활동한다. 유튜브, 트위치, 틱톡, 로블록스, 제페토 등은 모두 사용자 중심의 참여형 창작경제(Participatory Creation Economy)를 구축하고 있다.

2) 메타버스에서의 크리에이터 경제 구조

아바타 제작, 가상공간 설계, NFT 아이템 판매, 공연 및 전시 등 창작활동이 디지털 자산으로 변환되어 경제적 가치(Economic Value)를 가진다. 블록체인 기반 NFT (Non - Fungible Token)는 창작물의 고유성과 소유권을 보장하여, “디지털 창작 = 자산화(Assetization)”를 가능하게 한다.

[그림 70] Zepeto

3) 대표 사례

Roblox : 사용자가 직접 게임을 설계하고 판매하여 수익을 창출.

Zepeto : 아바타 아이템과 가상공간을 제작하여 NFT 형태로 거래.

YouTube·TikTok : 라이브 스트리밍과 크리에이터 후원 시스템을 통한 경제 생태계 형성.

이와 같이 메타버스의 경제는 단순한 소비형 구조를 넘어, 참여 기반의 순환형 경제 (Participatory Circular Economy)로 발전하고 있다.

플랫폼	주요 활동	수익 모델
Roblox	사용자 제작 게임	게임 내 아이템 판매, 로벅스 수익
ZEPETO	아바타·패션 콘텐츠 제작	가상 아이템 상점, 브랜드 협업
Decentraland	가상 토지 거래	NFT 기반 부동산 매매
YouTube / TikTok	영상 콘텐츠 창작	광고·구독·후원 수익

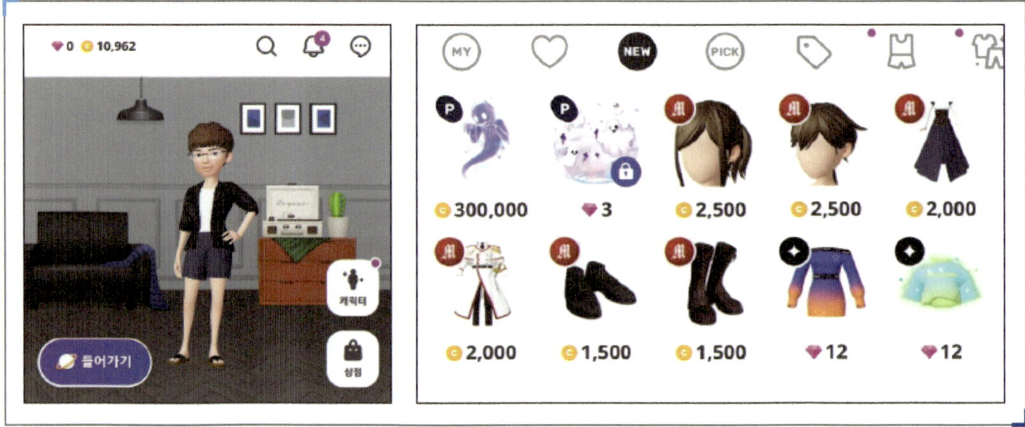

[그림 71] 아바타·패션 콘텐츠 제작

4) 사회적 의미

크리에이터 경제는 '노동 중심 경제'에서 '창의 중심 경제'로의 전환을 의미한다. 이는 단순한 직업 변화가 아니라, "가상공간 속 자율적 창작 활동이 현실 경제를 움직이는 구조"를 만들어낸다. 앞으로의 경제는 데이터·아이디어·경험이 주요 자산이 되는 '경험경제(Experience Economy)'로 진화할 것이다.

Key Concept | 핵심 개념

"메타버스의 진정한 가치는 기술이 아니라, 그 안에서 창의적으로 활동하는 사람들의 경제 생태계에 있다."

요약(Summary)

메타버스는 현실과 가상이 융합된 확장형 사회 시스템이며, AR·Mirror World·Virtual World로 구성된다. 블록체인은 메타버스의 탈중앙화된 신뢰 구조를 가능하게 하며, 사용자는 자신의 데이터와 자산을 직접 소유·거래할 수 있다. 크리에이터 이코노미는 개인의 창의성과 디지털 기술이 결합된 새로운 자율경제 모델로, 메타버스의 핵심 동력이다.

1.4 NFT와 블록체인의 등장(The Emergence of NFT and Blockchain)

메타버스의 경제적 기반을 뒷받침하는 핵심 기술은 NFT(Non - Fungible Token)와 블록체인(Blockchain)이다. NFT는 대체 불가능한 토큰으로, 디지털 콘텐츠의 고유성과 소유권을 보장한다.

① NFT의 가치

디지털 자산에 고유한 ID를 부여하여 진품 인증이 가능하다. 창작자는 자신의 작품이 거래될 때마다 로열티(royalty)를 지속적으로 받을 수 있다.

② NFT의 위기와 한계

투기적 거래와 시장 과열로 인해 가치 안정성에 대한 의문이 제기됨. 저작권 침해, 환경 문제, 블록체인 에너지 소비 등의 부정적 영향도 발생.

③ 주요 활용 사례

예술 : Beeple의 「Everydays」 NFT 작품이 고가에 판매되어 NFT 아트 시장 개척.
게임 : NFT 아이템이 플레이어 간 거래 가능한 디지털 자산으로 확장.
문화유산 : 디지털 복제물의 진위 인증 및 보존 기술로 활용.

결국, NFT와 블록체인은 메타버스 내에서 '가치의 인터넷(Internet of Value)'을 구현하는 기술적 기반이라 할 수 있다.

NFT

블록체인

비트코인

[그림 72] 메타버스의 경제적 기반

1.5 상호작용성과 아바타 문화(Interactivity and Avatar Culture)

메타버스의 가장 큰 특징은 상호작용성(Interactivity)이다. 사용자는 단순히 관찰자가 아닌, 공간의 일부로서 참여하며 다른 사용자 및 인공지능 객체와 실시간으로 소통한다. 이 과정에서 등장하는 핵심 주체가 바로 아바타(Avatar)이다. 아바타는 사용자의 디지털 자아로, 현실의 정체성을 확장하거나 전혀 새로운 정체성을 실험하는 매개체 역할을 한다.

① 아바타 문화의 확장

아바타는 더 이상 단순한 게임 캐릭터가 아니라, 사회적 표현의 수단이다. SNS·가상회의·버추얼 콘서트 등 다양한 영역에서 인간의 존재를 대리한다.

② 아바타 경제와 윤리

아바타의 외형·아이템·행동이 경제적 가치로 환산되며, "디지털 인격"에 대한 논의가 등장한다. 익명성과 표현의 자유가 확장되는 동시에, 가상 폭력·정체성 왜곡 등 새로운 윤리 문제가 제기된다. 메타버스 시대의 인간은 하나의 육체에 하나의 정체성을 가지는 존재가 아니라, 다중적 자아(Multiple Selves)로서 현실과 가상 세계를 넘나드는 복합적 존재로 진화하고 있다.

요약(Summary)

메타버스는 현실과 가상이 융합된 새로운 사회·경제·문화 생태계이다.
주요 유형은 증강현실, 라이프로깅, 미러월드, 가상세계로 구분된다.
철학적 핵심은 개방성, 참여성, 탈중앙화이며, 사용자 중심의 자율적 구조를 지향한다.
크리에이티브 이코노미와 NFT·블록체인이 경제적 기반을 형성한다.
아바타 문화는 새로운 인간-기술 관계와 디지털 정체성의 패러다임을 제시한다.

2. 디지털 휴먼과 인공지능 기술(Digital Humans and AI Technology)

메타버스 세계의 핵심 주체는 인간의 디지털 대리자인 디지털 휴먼(Digital Human)이다.

이들은 현실의 인간을 기반으로 한 가상 아바타에서 출발해, 인공지능(AI)과 결합함으로써 자율적 행동과 학습 능력을 갖춘 존재로 진화하고 있다. 즉, 디지털 휴먼은 단순한 캐릭터를 넘어 감정·지능·의사소통 기능을 가진 새로운 디지털 인격체로 이해된다. 이들은 단순한 3D 모델이 아니라, AI·그래픽·음성합성·감정 인식 기술이 결합된 "지능형 가상 존재(Intelligent Virtual Being)"로 진화하고 있다. 디지털 휴먼은 메타버스·엔터테인먼트·광고·교육·예술 등 현실 사회 전반에서 새로운 관계의 주체이자 소통의 매개체로 등장하였다.

2.1 캐릭터 산업의 진화(Evolution of the Character Industry)

초기의 캐릭터 산업은 만화·애니메이션을 중심으로 한 시각적 재현 산업(Visual Representation Industry)이었다. 그러나 2000년대 이후 디지털 기술과 네트워크 환경이 확장되면서, 캐릭터는 단순한 이미지 소비를 넘어 브랜드화된 디지털 아이덴티티(Identity)로 발전하였다.

1세대 : 2D 애니메이션 캐릭터(예 미키마우스, 도라에몽 등)
2세대 : 3D 게임 캐릭터 및 가상 연예인(예 세가의 버추어 파이터, 린 민메이)
3세대 : 실시간 렌더링 기반의 가상 인플루언서(예 Lil Miquela, Imma, Rozy)
4세대 : AI 음성·표정·지능을 탑재한 자율형 디지털 휴먼(예 ChatGPT Voice, HyperReal Ava, NAVER X Human 등)

이러한 변화는 '콘텐츠 소비' 중심의 산업에서 '콘텐츠 관계(relationship)' 중심의 산업으로 전환되었음을 의미한다. 즉, 현대의 캐릭터 산업은 사용자와 감정적으로 상호작용하는 실시간 커뮤니케이션 산업으로 진화하였다.

2.2 디지털 휴먼의 사례와 기술(Digital Human Cases and Technologies)

디지털 휴먼 제작에 필요한 기술사례로는 딥페이크, 3D모델링, 스캔 데이터를 활용 등 다양한 기술이 제작과정에 활용된다.

그 중에서도 크게 외형을 만드는 CG 그래픽 기술과 지능을 만드는 인공지능(AI) 기술,

그리고 움직임을 구현하는 모셥캡쳐기술로 나눠볼 수 있다.

[그림 73] 크래프톤 비츄얼 휴먼 '애나'

디지털 휴먼은 구현 방식과 목적에 따라 여러 유형으로 분류할 수 있다.

1) Realistic Type(리얼형 디지털 휴먼)

실존 인물의 얼굴, 표정, 목소리를 고해상도로 스캔하고 모션캡처(Motion Capture)와 딥러닝 기반 렌더링 기술을 통해 실제 인간처럼 표현.

- **특징** : 사실적 외모, 정교한 표정·움직임, 감정 표현 가능.
- **활용** : 영화·광고·패션 등에서 실존 인물 대체 또는 복제.
- **사례**
  - 로지(Rozy) - 국내 최초 가상 인플루언서, 광고·SNS 활동 중.
  - Reah Keem (LG전자) - CES에서 발표한 AI 가상뮤지션.
  - Apoki - 버추얼 K - pop 아티스트, 음악 스트리밍·공연 활동.

2) Stylized Type(캐릭터형 디지털 휴먼)

- 사실적인 인체보다 감성·콘셉트 중심의 시각 디자인으로 제작된 형태.
- 3D 애니메이션, 게임, VR콘텐츠 등에서 주로 활용.
- **사례** : ZEPETO 아바타, Roblox 캐릭터, Pixar·Disney형 스타일 아바타 등이 대표적.

3) AI Conversational Type(대화형 AI 휴먼)

- 텍스트·음성 기반 AI 대화시스템과 그래픽 인터페이스가 결합된 지능형 캐릭터.
- 사용자의 감정과 언어를 분석하여 자연스러운 대화와 감정 교류 가능.
- 사례 : Replika AI, SKT 에이닷(A.Dot), ChatGPT Voice Assistant, 은행·공공 기관의 AI 상담원(디지털 큐레이터)

4) Hybrid Type(하이브리드형)

- 현실 인물의 외모와 AI 시스템이 결합된 형태로, 실존 인물의 데이터를 학습한 '디지털 복제 인간(Digital Clone)' 형태로 발전 중.
- 예 AI 배우, 버추얼 모델, 디지털 트윈 휴먼 등

Key Concept | 핵심 개념

"디지털 휴먼은 인간을 흉내 내는 존재가 아니라, 인간과 함께 진화하는 새로운 지능적 파트너이다."

디지털 휴먼은 그 구현 방식에 따라 리얼타임 렌더링형, 딥러닝 합성형, 하이브리드형으로 구분된다.

구분	기술 방식	주요 특징	대표 사례
리얼타임 렌더링형	Unreal Engine·Unity 기반 실시간 모델링	높은 그래픽 품질, 방송·공연용	Hyperreal Ava, Unreal MetaHuman
딥러닝 합성형	AI 학습을 통한 얼굴·음성 합성	실제 인물과 유사한 현실감	DeepBrain AI, Rephrase.ai, Synthesia
하이브리드형	그래픽과 AI를 결합한 복합형	감정 인식, 대화, 시선 추적 가능	NAVER X Human, Zepeto AI, Samsung Neon

5) 디지털 휴먼의 주요 기술 요소는 다음과 같다.

- 3D 모델링 및 리깅(Rigging) : 인체 구조와 움직임을 재현하는 기술
- 모션 캡처(Motion Capture) : 배우의 움직임을 데이터화하여 아바타에 적용
- 페이셜 애니메이션(Facial Animation) : 미세 표정, 눈동자, 입 모양 등을 정밀하게 재현
- AI 대화 엔진 및 음성 합성 : 자연어 처리(NLP)와 TTS(Text - to - Speech) 기술을

이용한 실시간 대화

- 감정 인식(Emotion Recognition) : 사용자의 음성·표정·제스처를 분석하여 반응 생성

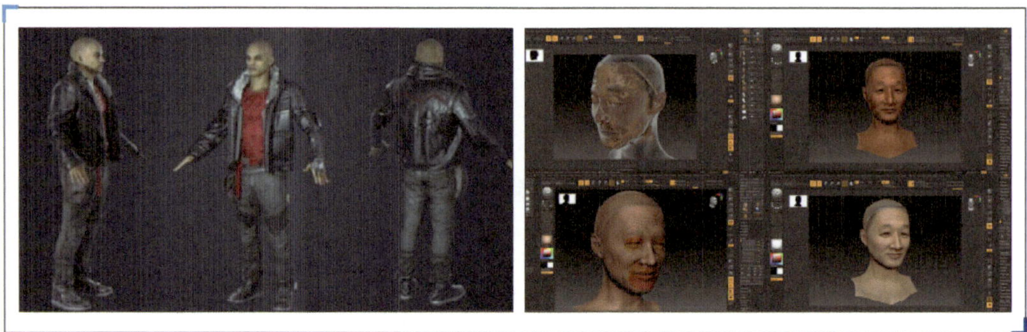

[그림 74] 영화 '더 헤러틱'의 주인공 가웨인 – FACTORY 디지털 휴먼기술

이러한 기술의 융합은 디지털 휴먼을 단순한 시각적 재현이 아닌, '인지적 존재(Cognitive Being)'로 발전시키고 있다. 디지털 휴먼은 다양한 AI 생성 기술(Generative AI)을 통해 만들어진다. 이 기술들은 그래픽스·음성·감정·행동을 통합적으로 재현하며, 현실과 구분하기 어려운 수준의 정교한 가상인간을 구현한다.

6) 3D Modeling and Motion Capture(3D 모델링·모션캡처)

인간의 얼굴·몸·표정을 3D 스캔으로 데이터화한 뒤, 모션캡처 센서로 움직임을 정밀하게 추적하여 애니메이션화. PBR(Physically Based Rendering) 기술을 활용해 피부 반사광·근육 움직임 등 실제 질감을 구현.

7) AI Face Generation & Deepfake Synthesis

GAN(Generative Adversarial Network) 기반 이미지 합성 기술을 통해 실존하지 않는 얼굴을 생성하거나, 실제 인물의 표정을 재현. 딥페이크(Deepfake) 기술은 영화·게임·광고 등에서 활용되지만, 동시에 윤리·저작권 이슈도 수반한다.

8) Voice & Speech Synthesis(음성합성)

AI 음성 모델은 인간의 말투·감정·억양을 학습해 자연스러운 대화형 목소리를 생성.

예 Clova Dubbing, Typecast, ElevenLabs 등

9) Natural Language Processing(자연어처리) & Emotion Recognition(감정 인식)

ChatGPT, Claude, Gemini 등 대화형 AI 모델이 사용자의 발화 의도와 감정을 분석하여 문맥적 대화를 생성.

얼굴인식(Facial Emotion Recognition), 제스처·시선 추적 등 비언어적 감정 피드백도 가능.

10) Digital Twin & Real - Time Rendering

Unreal Engine, Unity 등의 실시간 렌더링 기술을 활용해 AI 모델이 즉시 반응하는 인터랙티브 휴먼 구현.

AI 학습 데이터와 실제 카메라 입력을 동기화하여 가상의 인물이 현실 속 사용자와 실시간 상호작용 가능.

Key Concept | 핵심 개념

"디지털 휴먼은 인공지능·그래픽·감정 데이터가 통합된 종합예술이자 기술 복합체이다."

2.3 AI 기반 창작 기술(AI Human Creation)

AI 기반의 휴먼 생성 기술은 인간의 이미지, 음성, 언어, 행동 패턴을 학습하여 새로운 디지털 존재를 창조하는 과정이다. 대표적인 기술로는 GAN(Generative Adversarial Networks), Diffusion Models, Speech Synthesis, Chat - based Personality Training 등이 있다.

① GAN 및 확산모델 기반 시각 합성

GAN은 '생성자(Generator)'와 '판별자(Discriminator)'의 경쟁을 통해 실제와 같은 이미지를 생성한다. 최근의 Stable Diffusion, Midjourney 등은 텍스트 프롬프트만으로도 사실적인 인물 이미지를 생성한다.

② 음성 및 대화형 AI

TTS와 STT(Speech-to-Text)를 결합하여 인간처럼 자연스러운 음성대화가 가능하다. LLM(Large Language Model) 기반의 챗봇은 디지털 휴먼의 언어적 개성을 형성하는 핵심 요소로 작용한다.

③ 창작형 AI 휴먼의 등장

AI 휴먼은 단순히 인간을 모사하는 존재가 아니라, 독자적인 정체성과 감성을 가진 '디지털 예술가'로 진화하고 있다.

예 AI 가수 '이루다', 버추얼 아티스트 'Nao', 'Miquela' 등이 음악·광고·예술 영역에서 활동 중.

AI 기반의 디지털 휴먼은 향후 교육, 의료, 예술, 방송 등 다양한 영역에서 감성적 파트너(Empathetic Companion)로 발전할 전망이다.

3. 디지털 트윈(Digital Twin) & 디지털 휴먼(Digital Humans)

디지털 트윈 기술이 인간에게 적용되면 디지털 휴먼으로 확장된다. 디지털 휴먼은 외형, 움직임, 행동, 나아가 인지적 특성까지 모사한 가상 인간으로, 메타버스 서비스, 인간-AI 상호작용, 가상 노동과 교육 등에서 중요한 역할을 수행한다.

[그림 75]
https://www.forbes.com/councils/forbestechcouncil/2022/06/01/what-digital-twins-and-the-metaverse-mean-for-our-infrastructure/?utm_source=chatgpt.com

정리하면, 디지털 트윈은 현실과 가상을 데이터로 연결하는 기술이며, 디지털 휴먼은 그 연결 구조 속에서 인간을 중심으로 구현된 확장 개념으로, 두 요소는 메타버스 생태계의 핵심 기술 축을 이룬다.

3.1 기술 구조와 특징(Technical Structure and Features)

디지털 트윈의 기본 구조는 다음의 세 가지 축으로 이루어진다.

① **물리 공간(Physical Space)** : 실제 환경이나 장비, 인프라가 존재하는 영역
② **가상 공간(Virtual Space)** : 3D 모델링·시뮬레이션을 통해 구현된 디지털 복제 환경
③ **연결 네트워크(Connectivity)** : IoT 센서, 클라우드, AI 분석 시스템을 통한 데이터 실시간 연동

주요 특징
① **실시간성** : 현실의 변화를 즉각적으로 반영
② **예측성** : AI와 빅데이터 분석을 통해 미래의 상태나 위험을 시뮬레이션
③ **상호작용성** : 사용자 또는 AI가 가상 모델을 조작해 현실 시스템을 제어 가능
④ **지속적 업데이트** : 지속적인 데이터 흐름으로 물리 - 가상 간 일체화 유지
즉, 디지털 트윈은 데이터가 살아 움직이는 실감형 시뮬레이션 시스템이라 할 수 있다.

3.2 산업 및 도시 적용 사례(Industrial and Urban Applications)

① **스마트 제조(Smart Manufacturing)**
생산 라인을 가상공간에 복제하여 장비 상태를 실시간 모니터링.
공정 최적화 및 예지정비(Predictive Maintenance) 가능.
예 Siemens, GE Digital Twin Factory

② **스마트 시티(Smart City)**
교통, 에너지, 환경 데이터를 통합하여 도시 전체를 시각화 및 제어.
예 싱가포르 'Virtual Singapore', 서울시 'Digital Twin Seoul'

③ 건축·도시계획(Architecture & Urban Design)

BIM(Building Information Modeling) 기반의 디지털 트윈으로 건물의 구조, 재료, 에너지 효율을 시뮬레이션 가능.

④ 재난 대응·환경 모니터링

산불·홍수·지진 등 재난상황을 가상으로 재현하여 대응 전략을 사전 검증.

3.3 효과와 한계(Effects and Limitations)

① 긍정적 효과

- 의사결정의 효율성 향상(데이터 기반 예측 관리)
- 비용 절감 및 위험 최소화
- 지속가능한 도시·산업 생태계 조성

② 한계와 문제점

- 현실 데이터의 불완전성으로 인한 오차 발생
- 개인정보 및 보안 문제
- 고비용 인프라 구축 부담
- 데이터 윤리(Data Ethics) 문제 : "현실의 모든 것이 감시되고 기록되는 사회"에 대한 우려

3.4 Digital Humans in Culture, Advertising, and Art (문화·광고·예술 속의 디지털 휴먼)

1) 문화 콘텐츠 속 디지털 휴먼

영화·드라마·게임 산업에서는 디지털 인간이 스토리텔링의 새로운 주체로 등장하고 있다.

예
- 영화 〈아바타(Avatar)〉 - 모션캡처를 통한 가상 인류의 서사적 재현
- 게임 〈Detroit : Become Human〉 - 인공지능 휴머노이드의 감정과 윤리 갈등 탐구

- 애니메이션 〈Love, Death & Robots〉 - 포토리얼 렌더링 기반 AI 캐릭터

2) 광고 및 마케팅 분야

디지털 인플루언서(Virtual Influencer)가 브랜드 모델로 활동하며, 실제 연예인을 대체하기도 한다.

- **장점** : 피로·스캔들 리스크 없음, 24시간 활동 가능, 브랜드 맞춤형 이미지 연출.
- **사례**
  - 로지(Rozy) - 화장품, 자동차, 금융 등 다수 브랜드 캠페인
  - 릴 미켈라(Lil Miquela) - 인스타그램 기반 글로벌 버추얼 셀럽
  - 플루투스(PLUTUS) - AI 모델 기반 패션 캠페인 진행

3) 예술과 퍼포먼스 분야

디지털 휴먼은 예술가의 신체를 대신해 새로운 표현 매체로 사용된다. VR·AR 전시, 미디어 아트 공연 등에서 관객과 실시간 소통하며 '가상 퍼포먼서(Virtual Performer)'로 진화.

- **사례**
  - AI 아티스트 Obvious-GAN을 활용해 초상화 〈Edmond de Belamy〉 제작·경매
  - Jaehoo 프로젝트 (AI×Media Art) - AI 기반 영상 퍼포먼스 및 데이터 비주얼화 실험
  - TeamLab Borderless - AI가 관람자 움직임을 인식해 공간을 반응형 예술로 전환

Key Concept | 핵심 개념

"디지털 휴먼은 문화의 새로운 주체이자, 예술과 기술의 경계를 허무는 창조적 존재이다."

요약(Summary)

디지털 휴먼은 현실과 가상 사이에서 인간의 정체성과 존재감을 확장하는 기술적 실체이다. 유형은 리얼형, 캐릭터형, 대화형, 하이브리드형으로 구분되며, AI·그래픽·음성합성·감정인식 기술을 통해 구현된다. 문화·광고·예술 등 다양한 영역에서 새로운 서사와 창작 방식을 제시하며, AI 시대의 '가상 인간문화'를 형성하고 있다.

4) 산업 분야 : 스마트 제조 및 에너지 관리

제조 현장의 기계, 설비, 공정을 디지털 트윈으로 복제하여 생산 효율을 높이고 유지보수 비용을 절감한다.

예
- Siemens NX Digital Factory – 생산라인 전체를 가상공간에서 설계·시뮬레이션
- GE Digital Wind Farm – 풍력 터빈의 운전 데이터를 실시간 분석하여 발전 효율 향상
- Hyundai Motor Meta-Factory(2022) – 실제 공장을 Unity 기반 메타버스 환경에 구현, 원격 모니터링 및 설비 제어 가능

Key Concept | 핵심 개념

"산업용 디지털 트윈은 공장, 기계, 로봇이 실시간으로 소통하는 '스마트 제조 생태계'의 핵심이다."

5) 도시 분야 : 스마트시티와 인프라 관리

디지털 트윈은 도시의 교통, 건물, 에너지, 환경 데이터를 통합 관리하여 도시의 효율적 운영과 미래 예측(urban forecasting) 을 가능하게 한다.

예
- 서울시 디지털 트윈 도시 프로젝트 – 3D 기반 시뮬레이션으로 교통 혼잡·환경오염 예측
- Singapore "Virtual Singapore" – 도시 전역의 실시간 3D 모델 구축, 재난 대응 및 도시계획에 활용
- Busan Eco Delta Smart City – 수질·기후·주거 데이터를 실시간 연동하여 지속가능 도시 관리

Key Concept | 핵심 개념

"스마트시티의 핵심은 데이터가 흐르는 가상 도시, 즉 '살아 있는 도시의 디지털 복제체'이다."

6) 엔터테인먼트 분야 : 가상공간과 콘텐츠 제작

디지털 트윈은 문화콘텐츠 제작 및 엔터테인먼트 산업에서도 핵심 기술로 활용된다.

예
- VR/AR 콘서트 – 실제 공연장을 디지털 트윈으로 재현하여 실시간 원격 관람 가능

- 가상 스포츠 경기장 – 관객 행동·소리·조명 데이터를 기반으로 경기장 분위기를 가상 구현
- 영화·게임 제작 – 실제 도시나 인물 데이터를 3D로 스캔해 가상 세트를 구축 (예 The Mandalorian의 Virtual Production)

Key Concept | 핵심 개념

"엔터테인먼트의 디지털 트윈은 가상공간을 무대화하여, 현실 이상의 실감 경험을 창조한다."

7) 윤리적·사회적 과제

데이터의 프라이버시, 감시사회화, 가상과 현실의 경계 모호화 등 새로운 윤리적 이슈가 대두된다. 향후 디지털 트윈 기술은 기술적 진보와 인문적 성찰의 균형 속에서 인간 중심의 방향으로 발전해야 한다.

요약(Summary)

디지털 휴먼은 AI와 결합하여 감정·지능·언어를 지닌 디지털 인격으로 진화하고 있다.
AI 휴먼은 GAN, TTS, NLP, Emotion Recognition 등 다양한 기술의 융합체이다.
디지털 트윈은 현실의 공간과 데이터를 가상으로 복제해 시뮬레이션 및 제어를 가능하게 하며, 산업, 도시, 환경 전반에 적용되고 있다. 그러나 데이터 윤리와 보안, 현실 – 가상 간 경계의 문제는 여전히 해결해야 할 과제이다.

디지털 트윈은 현실 객체의 가상 복제와 실시간 연결을 통해 예측·분석·제어를 가능하게 하는 핵심 기술이다. 산업·도시·엔터테인먼트 등 다양한 분야에서 효율성, 안전성, 창의성을 동시에 향상시킨다. 데이터 모델링과 AI 기반 시뮬레이션을 통해 현실 – 가상 융합의 초연결 생태계가 구축되고 있으며, 이는 인간과 기술이 공진화하는 하이브리드 문명(Hybrid Civilization)의 초석이 되고 있다.

AI 시대! 디지털 문화콘텐츠의 이해

AI Era : Understanding Digital Cultural Contents

— 디지털 시대, 미디어·예술·기술의 융합을 탐구하다 —

— Exploring the Convergence of Media, Art, and Technology in the Digital Age —

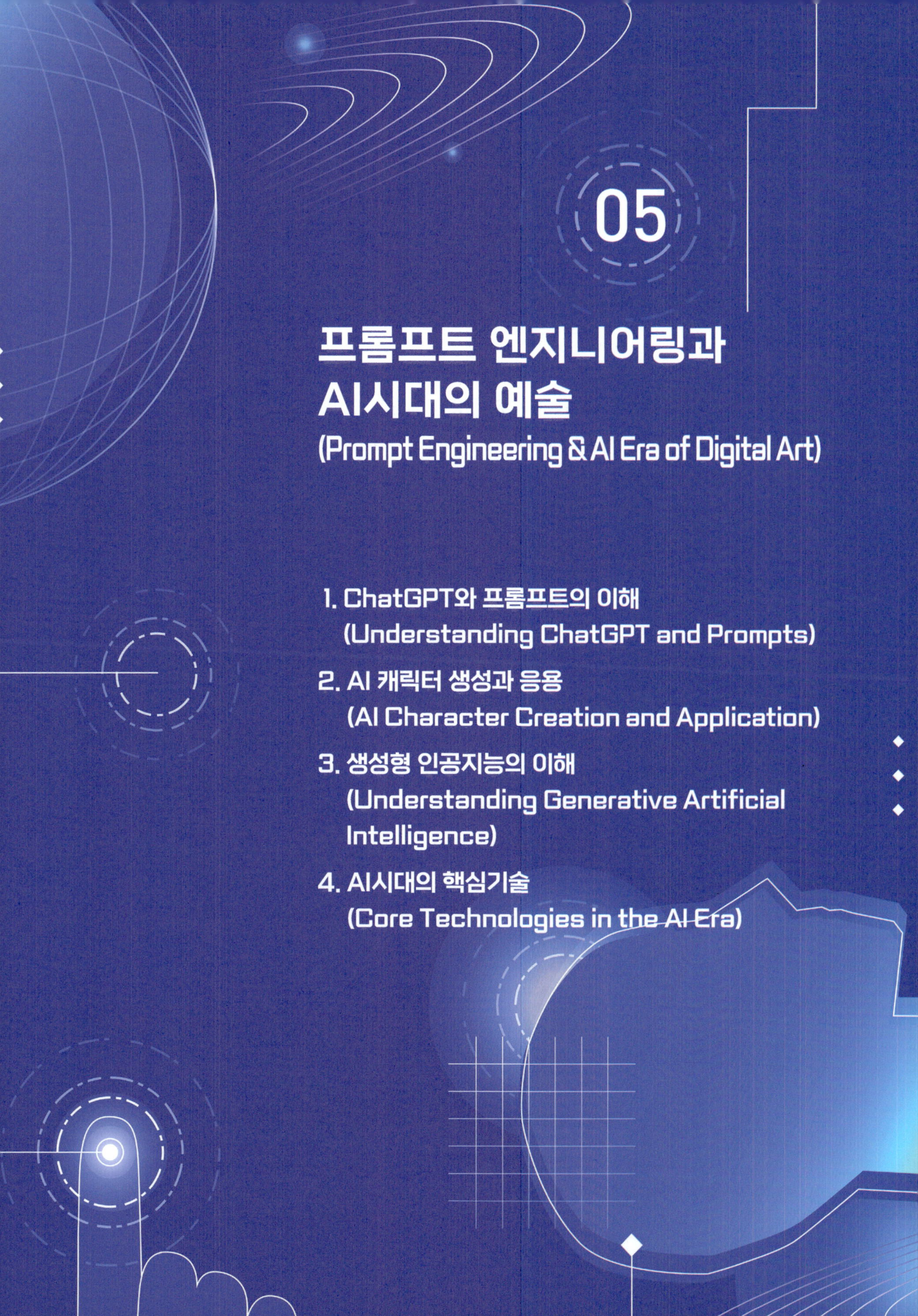

05

프롬프트 엔지니어링과 AI시대의 예술
(Prompt Engineering & AI Era of Digital Art)

1. ChatGPT와 프롬프트의 이해
   (Understanding ChatGPT and Prompts)
2. AI 캐릭터 생성과 응용
   (AI Character Creation and Application)
3. 생성형 인공지능의 이해
   (Understanding Generative Artificial Intelligence)
4. AI시대의 핵심기술
   (Core Technologies in the AI Era)

05

프롬프트 엔지니어링과 AI시대의 예술
(Prompt Engineering & AI Era of Digital Art)

1. ChatGPT와 프롬프트의 이해(Understanding ChatGPT and Prompts)

인공지능(AI)의 발전은 단순한 도구적 기술을 넘어, 인간의 언어·사고·창작 방식을 변화시키고 있다. 특히 2020년대 이후 등장한 대규모 언어모델(LLM : Large Language Model)은 인간의 문장을 이해하고 생성하는 능력을 바탕으로, 창작·교육·예술·산업 전반에 걸친 새로운 패러다임을 만들어내고 있다. 그 중심에 있는 대표적 시스템이 바로 ChatGPT이며, 이를 효과적으로 활용하기 위한 기술적 문법이 프롬프트 엔지니어링(Prompt Engineering)이다.

ChatGPT는 OpenAI가 개발한 대화형 인공지능(Conversational AI)으로, 인간의 언어를 이해하고 문맥에 맞는 답변을 생성할 수 있는 자연어 처리(Natural Language Processing, NLP) 모델이다. 기술적으로는 GPT(Generative Pre-trained Transformer) 언어모델 구조를 기반으로 하며, "사람처럼 대화하고, 문장을 이해하고, 창의적으로 텍스트를 생성할 수 있는 인공지능"이다. 이 모델은 대규모 언어데이터를 학습하여 문맥(Context)을 파악하고, 단어 간의 확률적 관계를 계산해 가장 적절한 다음 단어(next token)를 예측함으로써 문장을 생성한다. 즉, ChatGPT는 단순한 데이터 검색이 아니라, 언어적 사고를 시뮬레이션하는 생성형 언어 시스템이다.

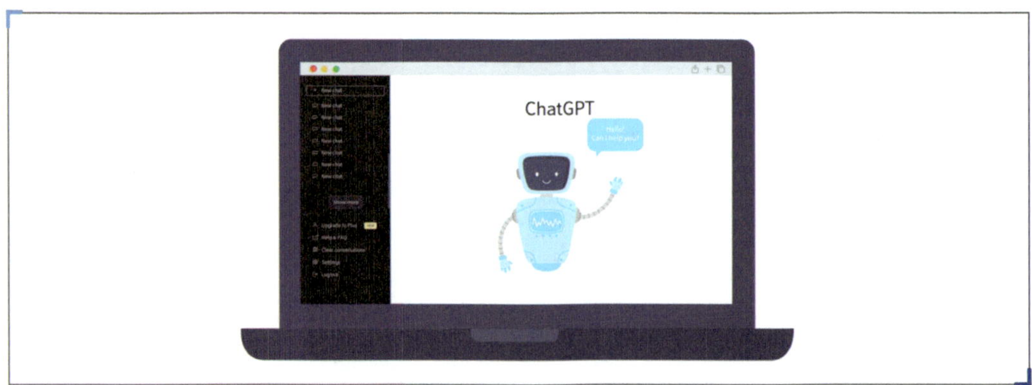

[그림 76] ChatGPT와 프롬프트의 이해(Understanding ChatGPT and Prompts)

https://www.vectorstock.com/royalty-free-vector/chatgpt-interface-ai-chat-vector-47056032?utm_source=chatgpt.com

1.1 ChatGPT의 개념 및 버전별 특징(ChatGPT Concept and Features by Version)

ChatGPT는 OpenAI가 개발한 대규모 언어모델 기반 인공지능으로, 사용자의 명령문(prompt)에 따라 자연스러운 언어를 이해하고, 문서 작성·질문 응답·번역·요약·창작 등 다양한 형태의 텍스트를 생성한다.

1) ChatGPT의 기본 개념

인간의 언어를 "데이터"로 학습하여, 의미적 연관성을 바탕으로 문장을 구성하는 확률적 언어 모델(Probabilistic Language Model)이다. 단순한 문장 생성이 아니라, 맥락(Context)을 이해하고 대화형 사고 구조(Conversational Reasoning)를 모사한다. 입력(prompt)과 출력(response) 사이의 언어적 관계를 스스로 학습하여, 사용자와의 대화를 통해 지식을 확장한다.

2) 버전별 주요 특징

버전	학습 모델	주요 특징	대표 활용 예시
GPT-1 (2018)	117M 파라미터	기본 언어모델 실험단계	단순 텍스트 예측
GPT-2 (2019)	1.5B 파라미터	문맥 유지와 문장 완성 가능	문장 생성, 요약
GPT-3 (2020)	175B 파라미터	다양한 언어 작업 수행 가능	번역, 에세이, 요약
GPT-4 (2023)	멀티모달(Multimodal)	텍스트+이미지 입력 인식	코드 분석, 시각 자료 이해
GPT-5 (2025)	자율 학습 및 멀티에이전트형	지속적 학습·문맥 유지·창의적 창작	실시간 콘텐츠 생성, 협업형 AI

→ ChatGPT는 버전이 진화할수록 언어적 추론 능력과 시각·청각 정보의 통합 처리 능력이 강화되고 있다. 이는 곧 "AI가 인간과 함께 사고하고 창작하는 시대"의 도래를 의미한다.

1.2 프롬프트 엔지니어링의 개념과 전략 (Concepts and Strategies of Prompt Engineering)

프롬프트 엔지니어링(Prompt Engineering)은 인공지능에게 명확한 의도와 맥락을 전달하여 원하는 결과물을 효율적으로 얻기 위한 AI 커뮤니케이션 설계 기술이다. 즉, 프롬프트는 인간의 "언어적 명령문"이자, AI의 "사고를 유도하는 알고리즘"이다. 사용자는

AI가 문맥을 정확히 이해할 수 있도록 언어를 구조화하고 세분화하는 전략을 사용해야 한다. 프롬프트 엔지니어링(Prompt Engineering)의 개념은 AI 모델이 최적의 결과를 도출하도록 지시문을 설계하고 조정하는 기술이다. 이는 단순한 질문 작성이 아니라, 모델의 사고 방향을 프로그래밍하는 언어적 설계행위에 가깝다. 즉, 사용자는 코드를 작성하는 대신 자연어로 모델을 제어하는 "언어 프로그래머(Language Programmer)" 역할을 수행한다.

[그림 77] 창의 산업에서의 인간 - AI 협업 탐구

https://smythos.com/ai-trends/human-ai-collaboration-in-creative-industries/?utm_source=chatgpt.com

1) 프롬프트의 구조

프롬프트는 일반적으로 다음 세 요소로 구성된다.

역할(Role) : AI에게 어떤 역할을 수행할지 지정

예 "You are a historian.", "너는 미디어아트 전문가이다."

목표(Task) : 수행해야 할 작업이나 질문을 명확히 정의

예 "Summarize the impact of digital art on society."

조건(Context/Constraint) : 형식, 어조, 길이, 언어 등 추가 제약 조건

예 "Write in academic Korean, within 300 words."

이 세 가지를 명확히 구성하면, AI는 의미적 모호성을 줄이고 정확한 산출물을 생성할 수 있다.

2) 프롬프트의 구성요소

요소	설명	예시
명령(Instruction)	수행할 작업의 유형 명시	"요약해줘", "비교표로 정리해줘"
맥락(Context)	상황·대상·조건 제시	"대학생 수준으로", "비즈니스 회의용으로"
예시(Example)	원하는 출력의 형태 제시	"예 표, 목록, 대화체 형식"
톤(Tone)	문체·감정·어투 지정	"공식적, 친근하게, 학술적으로"

Key Concept | 핵심 개념

프롬프트는 "질문"이 아니라 "설계"이다.

3) 프롬프트 작성 전략(Prompt Strategies)

전략 유형	설명	예시
역할 기반 (Role - based)	AI의 관점을 지정하여 응답 방향을 조정	"너는 교육학 교수이다."
명시적 지시 (Explicit Instruction)	단계적 절차를 구체적으로 명시	"3단계로 정리하고, 각 단계마다 예시를 들어라."
조건부 요청 (Constraint - based)	분량, 형식, 언어, 톤을 제한	"한국어로 200자 이내로 요약하라."
연속 대화형 (Iterative Prompting)	피드백을 통해 지속적으로 수정	"이 문장을 더 학문적으로 바꿔줘."
멀티모달 지시 (Multimodal Prompt)	텍스트 + 이미지 + 음성 등 복합 데이터 사용	"이 이미지를 분석하고, 설명문을 작성하라."

프롬프트 엔지니어링은 단순히 명령어를 작성하는 기술이 아니라, 인간의 사고 구조를 AI가 이해할 수 있도록 번역하는 언어 설계 행위이다.

효과적인 프롬프트를 작성하는 것은 ChatGPT의 성능을 극대화하는 핵심 기술이다. 다음은 교재에서 제시하는 대표적인 프롬프트 설계 전략이다.

① 역할(Role) 설정 전략

AI에게 특정 전문가의 역할(Persona)을 부여하면, 해당 역할의 문체·지식 수준·사고방식을 반영한 답변을 생성한다.

예시 : "너는 지금 UX 디자이너야. 사용자 인터뷰 질문지를 작성해줘."
"당신은 인공지능 교수입니다. 대학 강의 교재의 서문을 써주세요."

② 단계적 접근법(Step-by-Step Prompting)

복잡한 문제를 한 번에 요구하기보다, 단계별로 분리하여 지시한다.

예시 : 1단계 : "4차 산업혁명의 개념을 설명해줘."
2단계 : "그 기술이 산업 구조에 미치는 영향을 요약해줘."
3단계 : "교재용 단락으로 정리해줘."

③ 제약조건 명시(Constraint Definition)

출력 형식·길이·언어·형식을 명확히 제시하면 일관된 결과를 얻을 수 있다.

예시 : "300자 이내로 요약해줘.", "표 형식으로 정리해줘.", "영문 학술 문체로 작성."

④ Few-shot Prompting(예시 제공)

원하는 출력 예시를 1~2개 제공하면 모델이 패턴을 학습하여 유사한 형태로 결과를 생성한다.

예시 : - 입력 : 'AI는 무엇인가?'
- 출력 : 'AI는 인간의 학습·판단을 모방하는 기술이다.'
이제 '메타버스는 무엇인가?'에 대해 같은 형식으로 답하라.

⑤ Chain-of-Thought Prompting(사고의 흐름 유도)

"단계적으로 사고해보자(Think step by step)" 같은 문구를 추가하면 모델이 내부적으로 논리적 reasoning 과정을 거치게 되어 더 정확하고 일관성 있는 결과를 산출한다.

Key Concept | 핵심 개념

좋은 프롬프트는 "질문하는 기술이자, 사고를 설계하는 언어적 프로그래밍"이다.

4) 프롬프트의 예술적 확장

예술 영역에서는 프롬프트가 "작품의 언어"가 된다.
예를 들어, Stable Diffusion, Midjourney, DALL·E 같은 이미지 생성 AI는 프롬프트의 문체·수식·감정 표현에 따라 완전히 다른 미학적 결과를 만들어낸다.
"A surrealist portrait in the style of Salvador Dali, melting clocks and blue fog."
→ 달리풍 초현실주의 초상
"A calm ink painting of a mountain at dawn, minimal and soft lighting."
→ 수묵화풍 디지털 페인팅

결국 프롬프트는 AI 시대의 새로운 창작 언어(New Artistic Language)로서, 작가의 상상력을 코드화하고 알고리즘에 '의미'를 부여하는 역할을 수행한다.

① AI – Based Art Creation Case(AI 기반 예술 창작 사례)

- AI 예술의 개념적 전환
  생성형 AI는 인간의 예술 행위를 '기술적 협업의 형태'로 변화시켰다. 예술가는 직접 창작하는 대신, 프롬프트를 통해 아이디어를 지시하고, AI가 생성한 결과를 '큐레이션'하는 창작자(Curator – Artist)로 변모하고 있다.

② 대표적 사례

구분	사례	설명
AI 회화	Obvious Collective – "Edmond de Belamy" (2018)	GAN으로 생성된 초상화, 크리스티 경매에서 43만 달러 낙찰
AI 음악	AIVA, Amper Music	영화 음악 및 배경음악 자동 생성
AI 영상예술	Refik Anadol – "Machine Hallucination"	데이터 시각화 기반의 몰입형 미디어아트
AI 시각디자인	Midjourney 기반 디지털 패션 쇼	가상 런웨이 및 AI 모델 생성
한국 사례	Busan B.AI.LAB Forum (2025)	"AI 기반 문화예술 프로젝트" – 지역 예술가와 AI 협업전시 (예 Jaehoo 프로젝트)

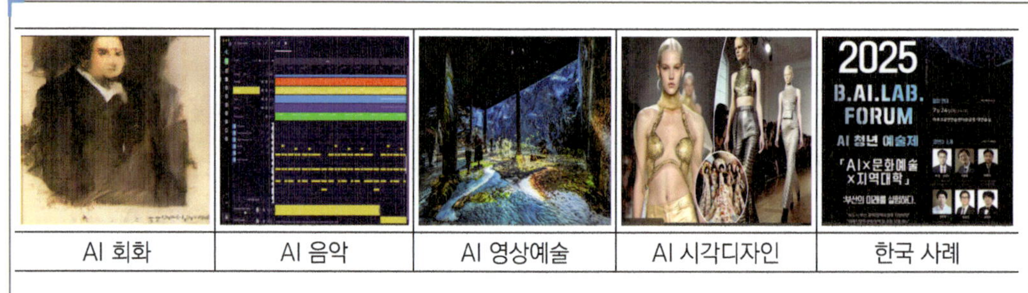

AI 회화 | AI 음악 | AI 영상예술 | AI 시각디자인 | 한국 사례

[그림 78] 프롬프트의 예술적 확장

③ AI 예술의 의미

- 창작의 민주화(Democratization of Creation) : 누구나 아이디어만으로 예술 창작 가능
- 예술가의 재정의(Re-definition of Artist) : 프롬프트 디자이너·AI 큐레이터로 변화
- 새로운 미학(AI Aesthetics) : 알고리즘의 불확정성과 데이터의 패턴이 예술의 언어로 작동

Key Concept | 핵심 개념

"AI 예술은 인간의 손이 아닌, 인간의 사고가 만든 예술이다."

5) GPT 언어모델의 기본 구조

ChatGPT의 핵심은 Transformer라는 딥러닝 아키텍처이다. 이 구조는 인간의 문장을 단어(토큰, Token) 단위로 분리해, 각 단어의 의미와 위치 관계를 수학적으로 계산하여 문맥을 이해한다.

단계	설명
① 입력 (Input Encoding)	사용자의 프롬프트가 토큰 단위로 분해되어 수치 벡터로 변환됨.
② 문맥 이해(Contextual Understanding)	모델이 문맥상의 단어 관계를 계산(Self – Attention)하여 의미를 파악.
③ 출력 예측 (Output Generation)	학습된 확률모델을 기반으로 가장 적합한 다음 단어를 예측·생성.

이 과정이 초당 수천만 번 반복되면서 자연스럽고 문맥 일관성 있는 대화가 가능해진다.

6) 사전학습(Pre - training)과 미세조정(Fine - tuning)

GPT 모델은 인터넷·도서·논문·뉴스 등 방대한 데이터로 사전학습(Pre - training)된다. 이후 대화 데이터(Fine-tuning)를 통해 인간의 언어습관·응답패턴을 학습한다. ChatGPT는 RLHF(Reinforcement Learning from Human Feedback) 방식을 이용하여 사용자의 피드백으로 대화 품질을 개선한다.

7) 대화형 AI의 작동 원리 요약

[사용자 입력]

↓

Prompt(지시문) → Tokenization → Context Analysis → Output Prediction

↓

[AI 응답 생성]

8) ChatGPT의 특징

구분	설명
언어 이해력	문맥·의도·감정을 고려한 자연어 이해
창의적 생성력	시, 소설, 코드, 보고서 등 다양한 형식의 텍스트 생성 가능
지식 통합력	다양한 분야의 정보를 연결해 통합적 답변 제공
대화 지속성	이전 대화 내용 기억·참조 가능(Conversation Memory)
한계점	사실 오류, 환각(Hallucination), 편향(Bias) 가능성 존재

Key Concept | 핵심 개념

"ChatGPT는 언어를 통해 사고를 흉내 내는 인공지능이다. 그 핵심은 데이터가 아니라, 문맥(Context)을 이해하는 능력이다."

1.3 AI 도구의 활용 사례(Use Cases of AI Tools)

AI 기술은 이미 일상적 창작 도구로 확산되고 있으며, 분야별로 전문화된 프롬프트 엔진이 등장하고 있다. - Wrtn, AskUp, AIPRM, Notion AI, TypeCast, Clova Dub, D-ID 등

분야	도구명	주요 기능
글쓰기/콘텐츠 생성	Wrtn, AIPRM, Notion AI	블로그, 보고서, 기획서 자동 생성
Q&A/지식형 AI	AskUp, ChatGPT	자연어 질의응답, 교육 보조
음성·더빙	TypeCast, Clova Dub	인공지능 음성 변환, 감정 톤 조절
이미지·영상 생성	D-ID, Midjourney, RunwayML	AI 아바타, 영상 시각화, 인물 인터뷰 합성
협업·생산성 도구	Notion AI, ChatGPT Enterprise	문서 작성, 회의록 요약, 아이디어 관리

이들 도구는 인간의 창의적 부담을 줄이는 동시에, 새로운 형태의 창작 협업(Co-Creation)을 가능하게 한다. 예를 들어, 작가는 프롬프트를 통해 예술적 개념을 설계하고, AI는 이를 언어·이미지·사운드 형태로 구현한다. 이러한 인간과 AI의 공동 창작 구조는 곧 "프롬프트 아트(Prompt Art)"라 불리는 새로운 예술 장르로 확장되고 있다.

2. AI 캐릭터 생성과 응용(AI Character Creation and Application)

인공지능은 더 이상 단순한 보조도구가 아니라, 창작의 동반자(Creative Partner)로 발전하고 있다. 특히 최근에는 텍스트 프롬프트를 기반으로 한 AI 캐릭터 생성 기술이 급속히 확산되면서, 가상인물, 디지털 휴먼, 게임 캐릭터, 버추얼 인플루언서 등 다양한 형태의 지능형 캐릭터 산업이 형성되고 있다.

2.1 TOP 10 AI 캐릭터 생성 앱(Top 10 AI Character Creation Apps)

AI 기반 캐릭터 생성 도구는 텍스트·이미지·음성·모션을 종합적으로 생성하여 '디지털 인격(Digital Persona)'을 제작하는 통합형 시스템으로 진화하고 있다.

순위	플랫폼 / 앱명	주요 기능	특징
①	Character.AI	자연어 대화형 캐릭터 생성	감정·성격 기반 학습 가능
②	Replika	AI 친구·연인 시뮬레이션	심리·감성 인터랙션 강화
③	Soulgen AI	텍스트 기반 2D 캐릭터 생성	애니메이션 스타일
④	Artbreeder	유전 알고리즘 기반 이미지 합성	얼굴·풍경 등 혼합 생성
⑤	Ready Player Me	3D 아바타 생성 및 VR 연결	메타버스 호환성 높음
⑥	ZMO.ai	의류 및 인물 포토 생성	패션·상업 이미지 활용
⑦	PIFuHD / Instant Avatar	단일 이미지로 3D 모델 생성	게임·XR용 모델링
⑧	DeepBrain AI	실제 인물형 AI 휴먼 영상 생성	뉴스·교육용 활용
⑨	Krikey AI Avatar	제스처 기반 캐릭터 애니메이션	AR/VR 콘텐츠 연동
⑩	Luma AI	실사형 3D 재구성 및 NeRF	카메라 스캔 → 3D 변환

→ 이러한 앱들은 "프롬프트를 입력하면 캐릭터가 탄생하는 시대"를 열었으며, 게임, 교육, 방송, 예술, 커머스 등 디지털 인격경제(Digital Persona Economy)의 기반이 되고 있다.

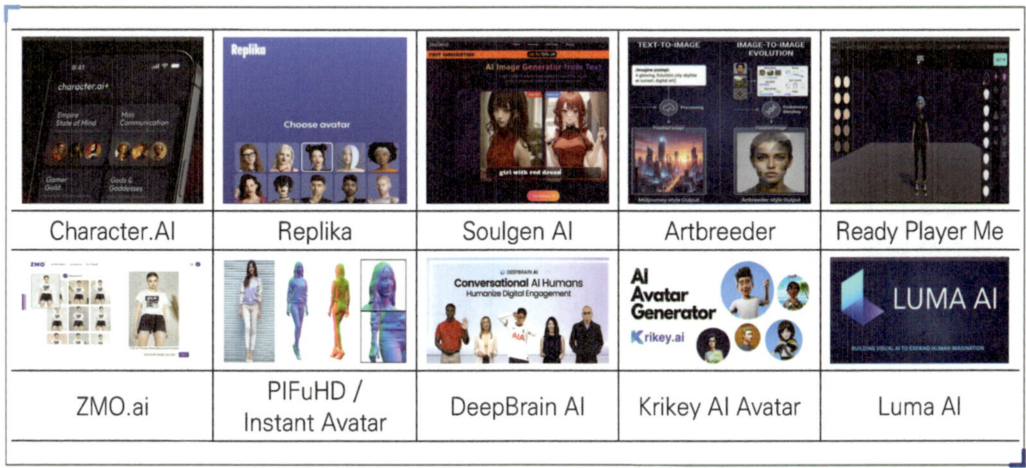

[그림 79] TOP 10 AI 캐릭터 생성 앱

2.2 프롬프트 거래 및 공유 커뮤니티(Prompt Purchase and Share Community)

AI 아트와 캐릭터 생성이 보편화되면서, 이제 "프롬프트 자체"가 창작 자산으로 거래되는 프롬프트 마켓(Prompt Market)이 등장하였다. 대표적인 플랫폼으로는 다음과 같다.

커뮤니티 / 플랫폼	주요 기능	특징
PromptBase	프롬프트 판매·구매 마켓	ChatGPT, Midjourney용
PromptHero	AI 예술가 포트폴리오·프롬프트 공유	태그·스타일별 검색 기능
KREA.ai	이미지 스타일 프롬프트 갤러리	Stable Diffusion 커뮤니티
Lexica.art	이미지+프롬프트 동시 검색	AI 예술학습에 활용
Prompt Hunt	크리에이터별 AI 스타일 모음	커뮤니티 기반 큐레이션

→ 프롬프트는 "명령문"이 아니라, 창작자의 상상력을 코드화한 지적 재산(Intellectual Prompt Property)으로 간주된다. 일부 예술가는 자신만의 프롬프트 세트를 NFT로 발행하여 판매하거나, 협업형 아트 프로젝트에 활용하고 있다.

2.3 AI 기반 콘텐츠 창작 실습(AI-based Content Creation Practice)

AI를 활용한 창작은 텍스트 → 이미지 → 영상 → 사운드로 이어지는 다층적 구조를 가진다.

예시 실습 흐름

① **기획 단계** : ChatGPT로 콘셉트 및 시나리오 작성

② **시각화 단계** : Midjourney·Stable Diffusion으로 캐릭터 및 배경 이미지 생성

③ **음성 단계** : TypeCast·Clova Dub으로 내레이션 및 감정 음성 제작

④ **영상 단계** : D-ID·Runway ML로 애니메이션 및 인터뷰형 영상 합성

⑤ **출판 단계** : Notion AI로 문서 정리 및 자동 요약

이 과정을 통해 학생들은 "AI와 함께 창작하는 워크플로(Workflow)"를 체험하며, 프롬프트 설계 → 콘텐츠 조합 → 윤리적 검토까지 통합적으로 학습할 수 있다.

3. 생성형 인공지능의 이해 (Understanding Generative Artificial Intelligence)

생성형 인공지능(Generative Artificial Intelligence)은 기존의 데이터를 단순히 분석하는 수준을 넘어, 새로운 이미지·음성·텍스트·영상 등을 '창조적으로 생성'할 수 있는

인공지능 기술을 의미한다. 즉, 인간의 창의적 사고를 기계학습을 통해 시뮬레이션하는 창조적 알고리즘(Creative Algorithm)이다. 이 기술은 예술·디자인·음악·영상 등 창작 산업의 구조를 변화시키며, "인공지능이 새로운 예술적 주체로 등장하는 시대"를 열었다.

생성형 인공지능(Generative AI)은 주어진 데이터 패턴을 학습하여 새로운 이미지, 텍스트, 음악, 영상 등을 창의적으로 생성하는 기술이다. 이는 단순한 데이터 복제나 통계적 예측이 아니라, '창조적 재조합(Creative Recombination)'에 가까운 과정이다.

3.1 프롬프트의 개념과 활용(Prompt Concept and Use)

생성형 AI에서 프롬프트는 창작을 지시하는 언어적 설계도(Instruction Blueprint)이다. 즉, 사용자의 언어가 AI의 창의성을 유도하는 입력 신호로 작용한다. 따라서 프롬프트의 정확성, 어조, 감정, 맥락은 결과물의 미학과 의미에 직접적인 영향을 미친다.

예 "A cinematic portrait of a cyberpunk woman in neon light, ultra-realistic, shot with 85mm lens."
→ 스타일, 조명, 시점, 감각이 모두 프롬프트에 내포된 의미 코드로 전달된다.

3.2 생성형 AI의 디지털 아트(Generative AI and Digital Art)와 윤리

생성형 AI는 예술가의 상상력과 알고리즘의 창의성이 결합된 "협업적 예술(Collaborative Art)"을 가능하게 한다. 작가는 더 이상 붓을 들지 않아도, 언어로 이미지를 그리는 '프롬프트 아티스트(Prompt Artist)'로 활동한다. 이러한 기술은 예술의 개념을 확장시키며, 표현의 접근성을 높이고, 시각언어의 다양성을 확장하며, 인간의 감성과 인공지능의 계산 미학을 융합한다. AI 예술의 확산은 예술계 전반에 저작권·윤리·창작 개념에 대한 논쟁을 불러왔다.

1) 저작권(Copyright) 문제

AI가 생성한 이미지·음악·글의 저작권은 누구에게 귀속되는가?
데이터 제공자(원작자), 모델 개발자, 프롬프트 작성자 사이의 법적 책임이 명확하지 않다. 특히 AI 학습에 사용된 데이터가 저작권을 침해할 수 있다는 점이 논란의 중심에 있다. 현재 각국은 "AI가 생성한 결과물은 저작물로 인정되지 않는다"는 입장을 취하고 있으나, AI를 도구로 활용한 인간의 창작물은 보호 가능성이 논의되고 있다.

2) 예술가의 역할과 존재 논쟁

AI가 인간보다 빠르고 다양하게 이미지를 생성함에 따라 "예술가의 고유한 창의성은 무엇인가?"라는 근본적 질문이 제기된다. 그러나 AI는 감정·의도·철학을 지니지 않기 때문에, AI 예술은 여전히 인간의 의미 해석 행위 없이는 완성될 수 없다.

Key Concept | 핵심 개념

"AI는 예술가의 자리를 빼앗지 않는다. 오히려 예술가의 역할을 '창작자'에서 '의미의 해석자'로 변화시킨다."

3) 사회적 윤리와 기술의 책임

AI 예술의 확산은 편향된 데이터, 인간의 초상권 침해, 딥페이크 문제 등 사회적 책임의 문제를 동반한다. 따라서 AI 예술은 기술의 진보보다 인문적 성찰(Humanistic Reflection) 이 병행되어야 하며, 기술 사용의 윤리적 기준(Ethical AI Art)을 확립해야 한다.

3.3 The Art of Collaboration Between Humans and AI(인간과 AI의 협업 예술)

1) 협업 예술의 개념

AI 예술은 인간의 창의성과 기계의 계산 능력이 결합된 협력적 창작(Co-creation) 형태이다. 이 협업은 단순히 인간이 AI를 도구로 사용하는 것을 넘어, AI가 예술적 결과에 능동적으로 참여하는 공진화적 창작(Evolutionary Creation)으로 발전한다.

2) 협업 구조

단계	인간의 역할	AI의 역할
1단계 : 아이디어 기획	주제·콘셉트 설정, 미학적 방향 제시	데이터 패턴 탐색
2단계 : 프롬프트 설계	명령어·스타일 조건 설계	명령 해석 및 이미지 생성
3단계 : 결과 큐레이션	생성 결과 평가·선별·편집	반복적 개선 학습
4단계 : 예술적 의미 부여	철학적·감정적 해석	결과물의 확장적 변주

Key Concept | 핵심 개념

"AI는 예술을 자동화하지 않는다. 오히려 예술가의 사고를 확장시켜 새로운 언어를 발견하게 한다."

3) 대표 사례

구분	작품/프로젝트	설명
Refik Anadol	Machine Hallucination	뉴욕 MoMA에서 전시된 데이터 시각화 AI 아트. AI가 도시 데이터를 시각적으로 '꿈꾸는' 형태.
Sougwen Chung	Drawing Operations	로봇 팔과 함께 그림을 그리는 협업 퍼포먼스. 인간의 제스처와 AI의 학습 패턴이 실시간 상호작용.
Jaehoo Project (임상국)	AI 기반 미디어아트 퍼포먼스	인공지능 영상 생성과 인간의 감각적 개입을 결합한 협업형 예술 실험.
Obvious Collective	Edmond de Belamy	GAN을 활용한 AI 초상화로, 인간과 기계의 공동 저작 사례.

4) 협업 예술의 미학적 의의

- 관계적 미학(Relational Aesthetics) : 예술의 중심이 작품에서 '관계와 상호작용'으로 이동.
- 데이터 미학(Data Aesthetics) : 알고리즘이 만들어내는 시각적 패턴이 새로운 예술언어로 작용.
- 공진화적 창의성(Co-evolutionary Creativity) : 인간과 AI가 서로의 한계를 보완하며 창작 영역을 확장.

Key Concept | 핵심 개념

"AI 예술의 본질은 인간이 만든 예술이 아니라, 인간과 함께 진화하는 예술이다."

AI 예술은 알고리즘의 계산적 창의성과 인간의 감성적 해석이 융합된 새로운 예술형태이다. 창작 주체와 저작권, 윤리 문제 등 사회적 논란이 존재하지만, AI는 인간의 예술을 대체하기보다 확장된 창의 파트너로 작용한다. 협업 예술은 인간과 AI의 상호작용·의미 생성·데이터 미학을 통해 예술의 정의를 재구성하고 있다. 따라서 AI 예술의 미학은 "창작의 중심을 인간에서 '관계'로 이동시킨 새로운 예술 패러다임"으로 이해된다.

3.4 생성형 AI 사례 분석(2D → 3D → Motion Capture)

AI 생성기술은 평면 이미지(2D)에서 시작해, 입체 모델링(3D)과 모션 캡처로 발전하고 있다.

단계	주요 기술	대표 도구	응용 예시
2D 생성	Stable Diffusion, Midjourney	프롬프트 기반 이미지 생성	일러스트, 컨셉아트
3D 변환	Luma AI, PIFuHD, DreamGaussian	단일 이미지로 3D 모델화	VR/AR 모델링
모션 생성	Move AI, RADiCAL, Plask	비디오·센서 없이 AI로 움직임 추출	AI 애니메이션, 가상공연

→ 즉, "텍스트 → 이미지 → 3D → 움직임"으로 이어지는 생성형 AI의 통합 흐름은 메타버스 콘텐츠 제작 자동화의 핵심 구조로 작동하고 있다.

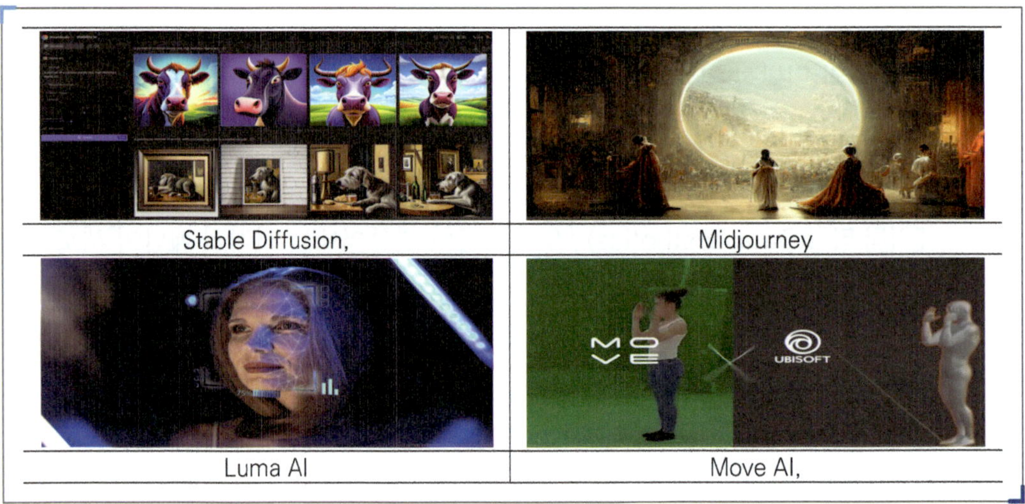

[그림 80] 생성형 AI 사례

3.5 메타버스와 AI의 결합(Combination of Metaverse and AI)

AI는 메타버스의 '두뇌(Brain)'로서 작동한다. AI가 데이터, 행동, 감정, 공간을 분석하고 예측함으로써 메타버스의 세계는 스스로 진화하는 자율형 생태계(Autonomous Ecosystem)로 발전한다.

AI+XR : 공간·사물 인식 및 사용자 반응 분석
AI+Blockchain : 디지털 자산 가치 예측, 보안 강화
AI+Digital Twin : 실시간 데이터 학습 및 시뮬레이션 자동화

AI는 메타버스를 "인간이 들어가는 가상세계"에서 "AI와 인간이 함께 존재하는 지능형 현실"로 전환시킨다.

4. AI시대의 핵심기술(Core Technologies in the AI Era)

AI 예술과 생성형 시스템의 기반에는 여러 핵심 기술이 작동하고 있다. 그중 대표적인 것은 환각(Hallucination), 생성적 적대 신경망(GAN), 머신러닝·딥러닝, 그리고 딥페이크(Deepfake) 기술이다.

4.1 환각 현상(Hallucination)

AI의 '환각'은 모델이 실제 사실과 다른 정보를 그럴듯하게 만들어내는 현상을 말한다. 이는 인간의 착각과 유사하지만, 데이터 불균형이나 과적합(Overfitting) 등 기술적 요인에서 발생한다. 예술에서는 이러한 환각이 '기계적 상상(Mechanical Imagination)'으로 해석되어, AI가 인간이 생각하지 못한 형태를 창조하는 창의적 자극으로 활용되기도 한다.

4.2 생성적 적대신경망(Generative Adversarial Network, GAN)

GAN은 생성자(Generator)와 판별자(Discriminator)가 경쟁하며 학습하는 구조를

가진 신경망이다. 생성자는 가짜 데이터를 만들어내고, 판별자는 그것이 진짜인지 가짜인지 판별한다.

이 경쟁 과정을 반복하면서 결과물의 품질이 점점 높아진다.

→ GAN은 AI 이미지, 얼굴 합성, 예술 창작, Deepfake 영상, Style Transfer 등 다양한 분야의 핵심 기술로 사용된다.

1) GAN·확산모델의 원리

GAN은 2014년 Ian Goodfellow가 제안한 생성형 신경망으로, '생성자(Generator)'와 '판별자(Discriminator)'의 두 개의 인공지능이 서로 경쟁(Adversarial Training)하면서 새로운 데이터를 학습하고 생성하는 구조를 가진다.

구성 요소	역할
Generator (생성자)	가짜 데이터를 만들어내어 실제처럼 보이도록 학습
Discriminator (판별자)	입력된 데이터가 진짜인지 가짜인지 구분
학습 과정	생성자가 판별자를 속이는 방향으로 학습하며, 판별자는 이를 탐지하려 학습 → 경쟁적 향상

Key Concept | 핵심 개념

"GAN은 두 인공지능의 대결을 통해 창조적 학습을 수행하는 알고리즘이다."

- **결과**

  이 과정을 반복하면 생성자는 점점 더 사실적인 이미지를 만들어낼 수 있게 되고, 결국 판별자 조차 구분하기 어려운 수준의 리얼리즘 이미지(Photorealistic Image)를 생성한다.

- **활용 분야**

  - 인물 사진 합성(예 This Person Does Not Exist)
  - 페이스 스왑(Deepfake), 패션 이미지, 의료영상 복원, AI 아트 등

2) Diffusion Model(확산모델)의 원리

확산모델(Diffusion Model)은 2020년 이후 등장한 최신 생성형 AI의 핵심 알고리즘으로, Stable Diffusion, Midjourney, DALL·E 등 이미지 생성 시스템의 기반이 된다.

- 작동 원리

  노이즈(Noise)를 점진적으로 추가하고 제거하는 과정을 학습하여, 무작위의 점(랜덤 노이즈)에서부터 새로운 이미지를 점진적으로 복원(Reverse Diffusion)하는 방식. 즉, "잡음 속에서 의미 있는 패턴을 생성하는 과정"이다.

단계	설명
1단계 : Forward Process	원본 이미지에 점점 노이즈를 추가 → 완전한 잡음 상태로 변환
2단계 : Reverse Process	학습된 모델이 노이즈를 제거하며 새로운 이미지를 복원
3단계 : Conditioning (조건입력)	텍스트·스타일·색상 등 사용자 지시(Prompt)에 따라 생성 방향 제어

Key Concept | 핵심 개념

"GAN이 '경쟁'을 통해 학습한다면, Diffusion은 '복원'을 통해 창조한다."

특징 비교표

구분	GAN	Diffusion Model
학습 구조	생성자 – 판별자 경쟁	노이즈 제거 반복 학습
결과물	사실적 이미지	예술적·다양한 스타일 가능
안정성	불안정 (모드붕괴 가능)	안정적 수렴
대표 기술	StyleGAN, BigGAN	Stable Diffusion, DALL·E, Imagen

Image, Audio, and Video Creation Tools(이미지·오디오·비디오 생성 도구) - 생성형 AI 기술은 시각예술뿐 아니라 음악·음성·영상 제작까지 확장되고 있다.

① 이미지 생성(Image Generation)

도구	주요 특징
Stable Diffusion	오픈소스 기반 텍스트 – 이미지 변환, 스타일 자유도 높음
Midjourney	예술적 감성·디자인 중심의 생성모델, 커뮤니티 협업형

도구	주요 특징
DALL·E 3 (OpenAI)	문맥 기반 이미지 생성, 세밀한 텍스트 이해 가능
Adobe Firefly	저작권 친화적 학습데이터 기반 이미지·디자인 툴

활용 : 포스터 디자인, 일러스트레이션, 게임 컨셉아트, 영화 시각효과(VFX)

② 음성 및 음악 생성(Audio Generation)

도구	주요 기능
Jukebox (OpenAI)	음악 장르·가수 스타일 기반 AI 작곡
Mubert / Suno.ai	텍스트 기반 음악 생성 (예 "calm jazz background")
Voice AI / Typecast	감정·톤 조절 가능한 AI 음성합성
ElevenLabs	실제 인물의 목소리 클로닝 및 다국어 음성 생성

활용 : 영화 더빙, 게임 캐릭터 보이스, 오디오북, 음악·사운드트랙 제작

③ 영상 생성(Video Generation)

도구	주요 기능
Runway Gen-2	텍스트→영상 생성(Text-to-Video) 기술, 광고·뮤직비디오 활용
Pika Labs / Sora (OpenAI)	장면 전환·카메라 움직임까지 시뮬레이션하는 고해상도 영상 생성
Kaiber / Synthesia	인물 프리젠테이션 영상·홍보 콘텐츠 자동 제작

Key Concept | 핵심 개념

"텍스트 한 줄로 영화를 만드는 시대 - AI는 이제 영상 감독이자 편집자이다."

4.3 머신러닝과 딥러닝(Machine Learning and Deep Learning)

머신러닝(Machine Learning)은 데이터로부터 규칙을 학습하여 예측이나 분류를 수행하는 기술이다. 딥러닝(Deep Learning)은 인간의 뇌 구조를 모방한 인공신경망(ANN)을 다층화하여, 복잡한 패턴을 인식하고 고차원적 추론을 수행한다.

머신러닝 : 특징 추출과 모델 학습이 분리됨 (예 의사결정트리, SVM)

딥러닝 : 특징 추출을 네트워크가 자동 수행 (예 CNN, RNN, Transformer)

이 두 기술은 생성형 AI, 자율주행, 음성 인식, 예술 창작 등 모든 AI 시스템의 기초 인프라라 할 수 있다.

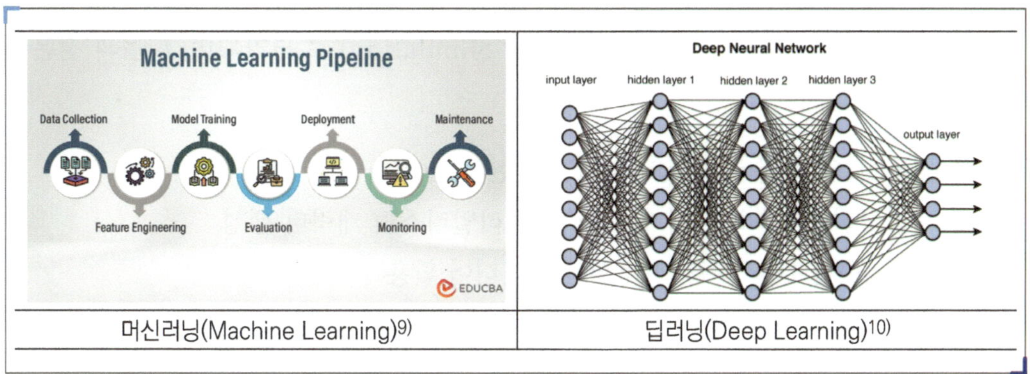

머신러닝(Machine Learning)[9]	딥러닝(Deep Learning)[10]

[그림 81] 머신러닝과 딥러닝

4.4 딥페이크 기술(Deepfake Technology)

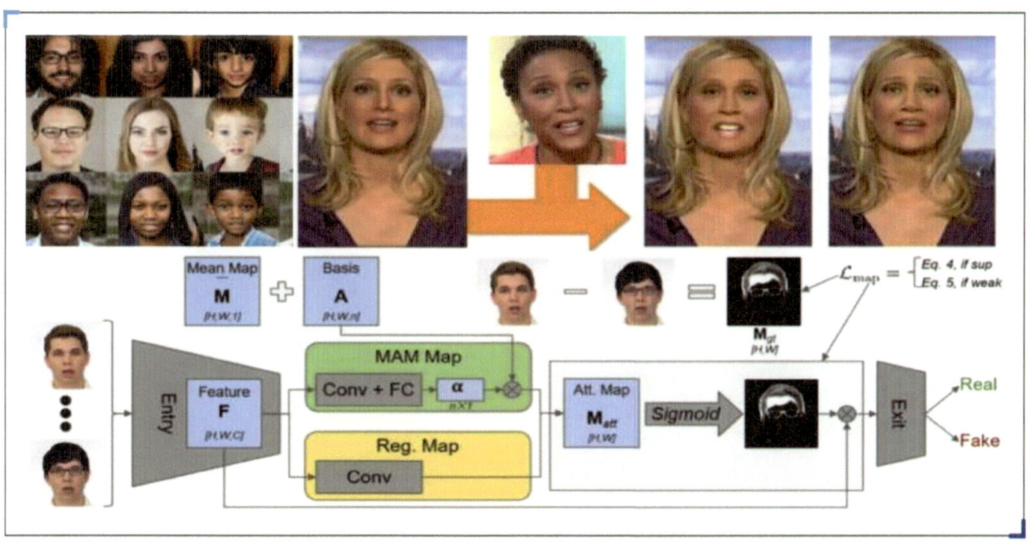

[그림 82] 딥페이크 기술

https://theaisummer.com/deepfakes/?utm_source=chatgpt.com

---

9) https://medium.com/%40surajagrahari330/machine-learning-pipeline-from-raw-data-to-insightful-models-80c54914b7a9

10) https://medium.com/data-science/training-deep-neural-networks-9fdb1964b964

딥페이크(Deepfake)는 딥러닝을 이용해 인물의 얼굴·음성·행동을 합성하는 기술이다. 본래 영상 복원 및 영화 제작에 활용되었으나, 최근에는 가짜 뉴스·허위정보 등 부정적 문제와 함께 디지털 윤리(Digital Ethics) 논의의 중심에 서 있다. 그러나 예술 분야에서는 딥페이크가 '기술적 재현의 예술(Art of Simulation)'로 평가되며, 다음과 같은 긍정적 사례로 확장되고 있다.

가상 공연 : 고인이 된 예술가의 디지털 재현
영화·게임 제작 : 배우의 페이스 트래킹 및 리얼리스틱 캐릭터 생성
교육·전시 : 역사 인물 복원, 인터랙티브 미디어 활용

→ 딥페이크는 위험성과 창의성을 동시에 내포한 '양면적 미디어 기술(Dual Media Technology)'로서, AI 시대 예술의 경계와 윤리 문제를 함께 제기한다.

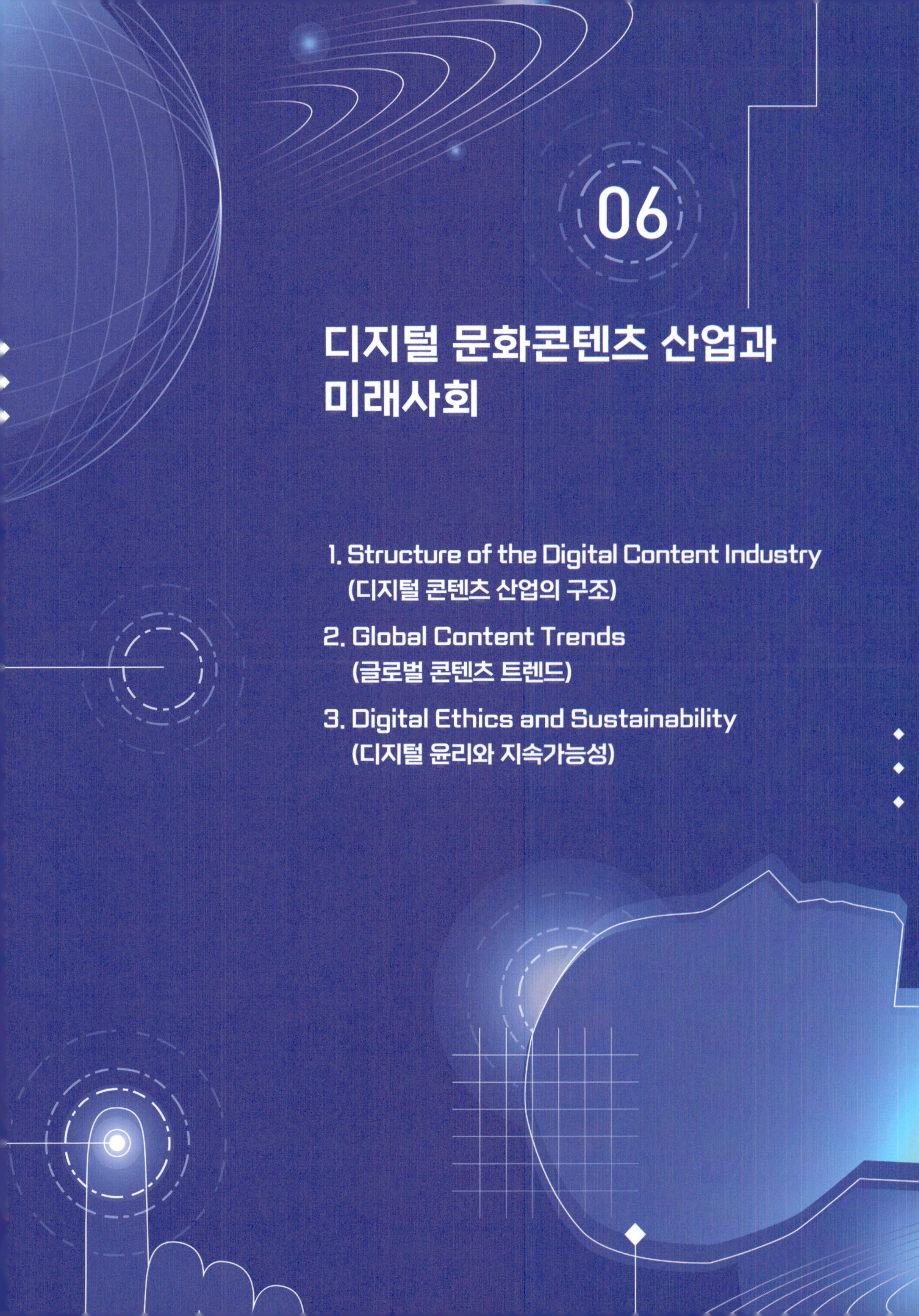

06

디지털 문화콘텐츠 산업과 미래사회

1. Structure of the Digital Content Industry
   (디지털 콘텐츠 산업의 구조)
2. Global Content Trends
   (글로벌 콘텐츠 트렌드)
3. Digital Ethics and Sustainability
   (디지털 윤리와 지속가능성)

06

디지털 문화콘텐츠 산업과 미래사회

(The History of Media and Digital Art)

1. 디지털 콘텐츠 산업의 구조(Structure of the Digital Content Industry)

디지털 콘텐츠 산업은 음악, 영상, 게임, 출판, 예술 등 모든 문화산업 영역이 디지털 기술과 네트워크 환경을 중심으로 재편된 산업 생태계이다. 이 산업의 핵심은 '콘텐츠' 자체가 아니라, 그 콘텐츠가 데이터로 전환되어 유통·소비·재생산되는 구조적 과정에 있다. 즉, 디지털 콘텐츠 산업은

① 기술의 혁신(Technology Innovation)
② 플랫폼 경제(Platform Economy)
③ 개인 창작자 중심의 생태계(Creator Ecosystem)

이라는 세 축을 중심으로 발전해 왔다.

1.1 Digitalization of the Music, Video, and Game Industries (음악·영상·게임 산업의 디지털화)

[그림 83] 디지털 콘텐츠 산업의 구조

https://kr.pinterest.com/pin/1034913189379296952/

1) 음악 산업의 디지털 전환(Digital Music Industry)

과거의 음반 중심 산업(Record-based Industry)은 2000년대 이후 스트리밍(Streaming) 기반의 디지털 음원 서비스로 전환되었다. MP3, Napster, iTunes의 등장은 음악의 소유 개념을 '다운로드' 중심으로 바꾸었고, Spotify, Melon, Apple Music 등은 이를 '스트리밍 소비' 형태로 발전시켰다. 오늘날 음악산업은 데이터 기반 추천 알고리즘과 구독 모델을 통해 청취자의 취향을 분석하고, 맞춤형 음악 경험을 제공한다.

Key Concept | 핵심 개념

"음악은 더 이상 소유의 대상이 아니라, 경험의 흐름으로 소비된다."

2) 영상 산업의 디지털화(Digital Video Industry)

디지털 영상 산업은 OTT(Over-The-Top) 플랫폼 중심으로 재편되었다. 넷플릭스, 디즈니+, 웨이브, 유튜브 등은 기존 방송·영화 배급 구조를 대체하며 글로벌 콘텐츠 시장의 중심축이 되었다. AI 기반 추천 알고리즘, 빅데이터 분석, 클라우드 스트리밍 기술이 결합되어 개인화된 영상 경험(Personalized Viewing)을 가능하게 한다. 또한, UGC(User Generated Content)의 확산으로 소비자는 단순한 시청자가 아닌 '제작 참여자'로 변화하였다.

3) 게임 산업의 디지털화(Digital Game Industry)

온라인·모바일 게임의 확산으로 게임은 "소프트웨어 제품"에서 "지속적 서비스(Live Service)"로 전환되었다. 클라우드 게이밍, VR/AR 게임, e스포츠 산업 등은 하나의 글로벌 실감형 문화콘텐츠 산업으로 성장하였다.

대표 사례

- Steam, Epic Games Store - 디지털 유통 플랫폼
- League of Legends, Fortnite, Genshin Impact - 글로벌 e스포츠·가상경제형 게임

게임산업은 이제 엔터테인먼트+기술+커뮤니티가 융합된 복합산업이다.

Key Concept | 핵심 개념

"게임은 디지털 예술과 산업의 경계가 만나는 총체적 문화현상이다."

1.2 Platform Business and Subscription Economy(플랫폼 비즈니스와 구독경제)

1) 플랫폼 비즈니스의 구조

플랫폼(Platform)은 콘텐츠의 생산자와 소비자를 연결하는 디지털 유통 네트워크이다. 기업은 자체적으로 콘텐츠를 생산하기보다, 외부 창작자와 이용자가 활동할 수 있는 생태계를 제공하여 가치를 창출한다.

구분	생산 주체	핵심 구조	수익 모델
전통 미디어	기업 중심	폐쇄적 유통	광고, 판매
디지털 플랫폼	사용자 중심	개방형 네트워크	구독, 데이터, 광고

플랫폼은 단순한 기술 인프라가 아니라, 콘텐츠 유통+데이터 분석+사용자 경험(UX)을 결합한 종합 산업 모델이다.

2) 구독경제(Subscription Economy)

구독경제는 소비자가 콘텐츠를 '소유'하지 않고, 정기 결제(Subscription)를 통해 '접근(Access)'하는 형태로 변화한 경제 구조이다. Netflix, Spotify, Game Pass, Adobe CC 등이 대표적 구독형 플랫폼이다. 이 구조는 소비자의 지속적인 이용을 유도하며, 기업에게는 안정적인 수익 모델과 데이터 기반 맞춤 서비스 제공이 가능하다.

3) 데이터 중심 경제로의 전환

플랫폼의 핵심 자산은 콘텐츠가 아니라 데이터(Data)이다. 사용자 행동, 선호도, 시청 패턴이 분석되어 새로운 콘텐츠 기획, 광고 전략, 추천 시스템으로 활용된다. 즉, 플랫폼 경제는 "콘텐츠 중심에서 데이터 중심으로" 이동하고 있다.

Key Concept | 핵심 개념

"플랫폼은 산업이 아니라, 데이터가 흐르는 생태계이다."

1.3 Creator-Centered Ecosystem(크리에이터 중심 생태계)

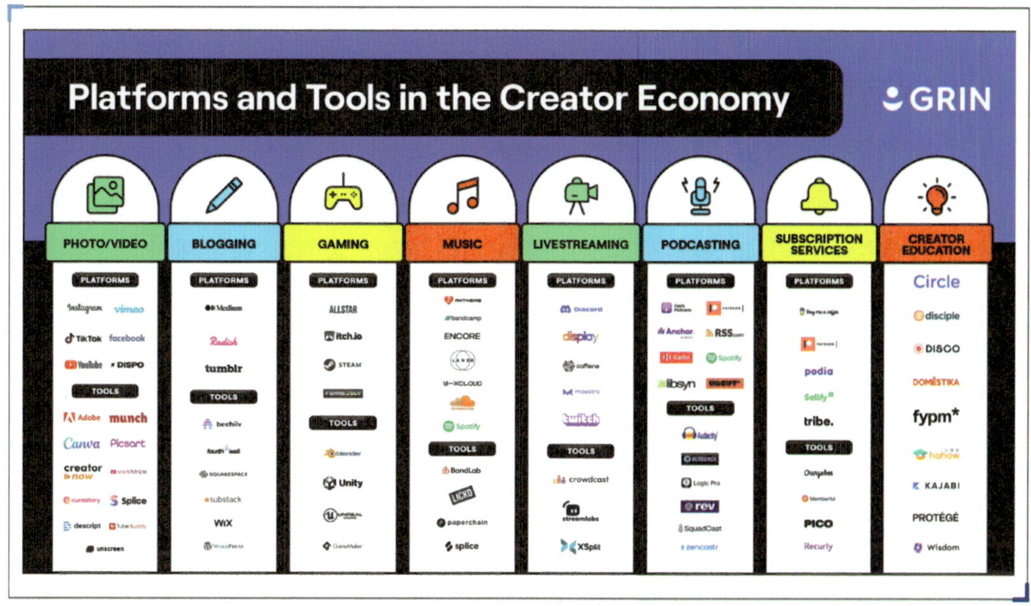

[그림 84] 크리에이터 중심 생태계

https://www.expstudio.org/news/platforms-tools-in-the-creator-economy?utm_source=chatgpt.com

1) UGC에서 Creator Economy로

과거의 UGC(User Generated Content)시대에는 사용자가 취미로 콘텐츠를 생산했지만, 오늘날은 창작이 곧 직업(Economic Activity)으로 자리 잡았다. 크리에이터 이코노미(Creator Economy)는 개인이 디지털 플랫폼에서 직접 콘텐츠를 제작·유통·수익화 하는 경제 구조이다.

구분	UGC 시대	Creator Economy 시대
창작 주체	일반 사용자	전문 크리에이터
플랫폼	유튜브, 블로그	TikTok, Twitch, ZEPETO, Roblox
수익 구조	광고 중심	후원, 구독, NFT, 브랜드 협업
가치 중심	콘텐츠의 양	커뮤니티 기반 영향력(Influence)

Key Concept | 핵심 개념

"크리에이터는 더 이상 소비자의 연장선이 아니라, 하나의 독립된 미디어 산업 주체이다."

2) 새로운 콘텐츠 유통 구조

크리에이터 중심 생태계는 플랫폼 - 크리에이터 - 팬 커뮤니티의 3단 구조로 작동한다. 팬들은 단순한 소비자가 아니라 '참여적 후원자(Participatory Supporter)'로서 콘텐츠의 기획·확산에 직접 영향을 미친다. 또한, NFT와 블록체인 기술은 창작물의 소유권, 희소성, 거래 가능성을 보장하며 새로운 디지털 자산경제(Digital Asset Economy)를 형성하고 있다.

3) 미래적 의의

크리에이터 경제는 산업의 민주화를 촉진한다. 대규모 자본보다 개인의 창의성과 커뮤니티가 경제적 가치를 창출하는 "창의 기반 자율경제"로 발전하고 있다. 이는 향후 메타버스·AI·XR 환경과 결합되어 창작의 자동화, 유통의 분산화, 경제의 개인화를 실현할 것이다.

Key Concept | 핵심 개념

"디지털 콘텐츠 산업의 중심은 기업이 아니라, 개인 창작자이다."

요약(Summary)

디지털 콘텐츠 산업은 음악·영상·게임을 중심으로 데이터 기반 산업구조로 전환되었다. 플랫폼과 구독경제는 콘텐츠의 소유 방식에서 접근(access)방식으로 소비 패턴을 바꾸었다. 크리에이터 중심 생태계는 창작의 민주화와 산업의 개인화를 이끌며, 콘텐츠 산업을 개인 창의력 중심의 자율경제 시스템으로 재편하고 있다.

2. 글로벌 콘텐츠 트렌드(Global Content Trends)

21세기 콘텐츠 산업은 기술·데이터·창의성이 결합된 복합적 네트워크 생태계로 진화하고 있다. 글로벌 콘텐츠 시장은 OTT(Over-The-Top) 스트리밍, NFT·가상자산 기반 유통, AI 창작산업의 부상이라는 세 가지 축을 중심으로 재편되고 있다. 이 변화는 단순히 미디어 환경의 변화를 넘어, 콘텐츠의 생산·유통·소비 구조가 전면적으로 재정의되는 과정이라 할 수 있다.

2.1 OTT and Streaming(OTT와 스트리밍 산업)

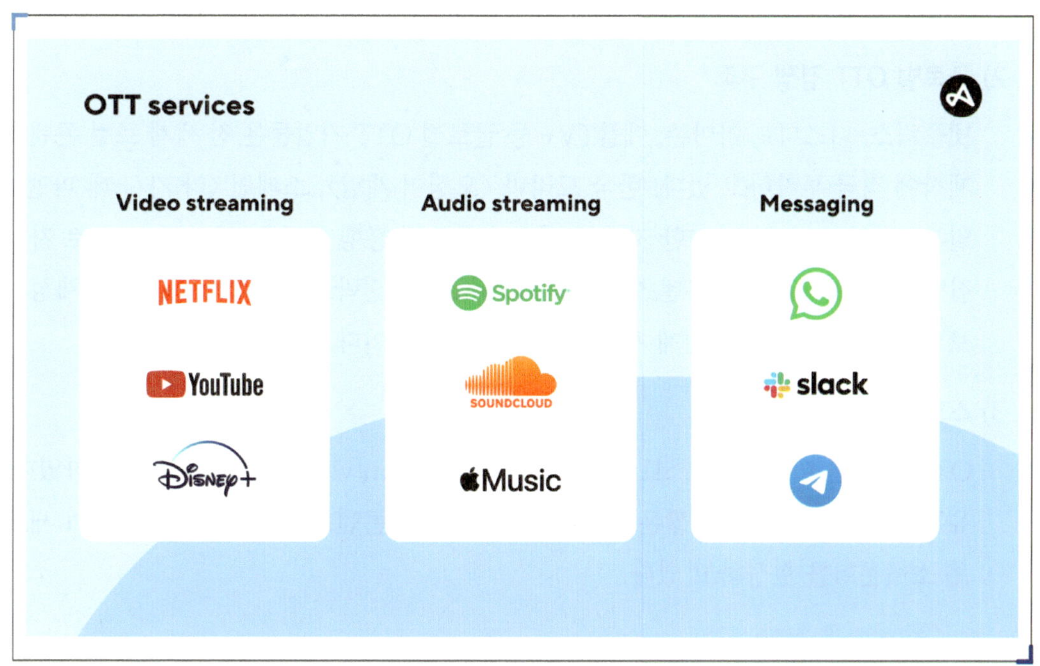

[그림 85] OTT and Streaming
https://www.adjust.com/glossary/ott-over-the-top/?utm_source=chatgpt.com

1) OTT의 개념과 성장

OTT(Over-The-Top)는 기존 방송망을 거치지 않고, 인터넷을 통해 직접 영상 콘텐츠를 제공하는 온라인 스트리밍 서비스를 의미한다. 넷플릭스(Netflix), 디즈니+

(Disney+), 아마존 프라임, 왓챠, 티빙 등 다양한 플랫폼이 글로벌 콘텐츠 산업의 중심으로 부상하였다.

구분	기존 방송	OTT 스트리밍
전송 방식	방송망, 위성, 케이블	인터넷 기반 스트리밍
소비 형태	실시간 편성 시청	온디맨드(On - demand) 시청
수익 구조	광고 중심	구독(subscription)·데이터 기반
콘텐츠 제작	방송사 주도	플랫폼 독점 제작 (OTT Original)

OTT는 사용자의 시간·공간 제약을 해체하여, 전 세계 시청자가 언제 어디서나 콘텐츠를 소비할 수 있게 하였다. 또한, AI 추천 알고리즘을 통해 개인의 취향에 맞는 맞춤형 콘텐츠 제공이 가능해졌다.

2) 글로벌 OTT 경쟁 구조

넷플릭스, 디즈니+, 아마존, 애플TV+ 등 글로벌 OTT 기업들은 전 세계 로컬 콘텐츠 제작에 적극 투자하고 있다. 한국 드라마 〈오징어 게임〉, 스페인 〈라 카사 데 파펠〉, 일본 〈사일런트〉 등 다양한 지역 콘텐츠가 글로벌 흥행 콘텐츠(Global Hit) 로 자리 잡았다. 이는 "글로컬 콘텐츠(Glocal Content)" 전략으로, 지역의 문화 정체성과 보편적 감성을 결합해 세계 시장에 진출하는 형태이다.

3) 스트리밍 이후의 변화

OTT 시장은 이제 멀티 스트리밍(Multi - platform viewing) 시대에 진입하였다. 유튜브·틱톡·트위치 등 짧은 형식의 영상(SNS형 콘텐츠)이 OTT와 경쟁하며 새로운 소비문화를 형성하고 있다.

Key Concept | 핵심 개념

"OTT는 단순한 플랫폼이 아니라, 데이터와 창작이 결합된 글로벌 문화산업의 인프라이다."

2.2 NFT·Virtual Asset·Metacommerce(NFT·가상자산·메타커머스)

[그림 86] NFT·가상자산·메타커머스

https://www.airnfts.com/nft/art-nft?utm_source=chatgpt.com

1) NFT(Non-Fungible Token)의 개념

NFT는 블록체인 기술을 기반으로 한 대체 불가능한 토큰으로, 디지털 콘텐츠에 고유한 식별값(Ownership Certificate)을 부여한다. 즉, 디지털 파일에 '소유권'을 부여하여, 복제 가능한 콘텐츠에도 '원본' 개념을 도입하는 기술이다.

구분	기존 디지털 콘텐츠	NFT 기반 콘텐츠
소유권	불명확 (무한 복제 가능)	블록체인에 소유 기록 저장
거래 방식	중앙 플랫폼 유통	P2P 직접 거래 (탈중앙화)
가치 평가	조회수·광고 중심	희소성·커뮤니티 가치 중심

예시 : Beeple의 AI 디지털 아트 〈Everydays : The First 5000 Days〉
(2021년, 크리스티 경매에서 약 6,900만 달러 낙찰)

Key Concept | 핵심 개념

NFT는 "디지털 예술의 소유 개념"을 재정의했다.

2) 가상자산(Virtual Asset)과 메타커머스(Metacommerce)

가상자산은 암호화폐(Crypto Asset), 토큰(Token), 디지털 화폐(Digital Currency)를 포함한다. NFT, 게임 아이템, 메타버스 내 부동산 등은 모두 가상자산화(digitization of property)되어 거래된다. 메타커머스(Metacommerce)는 메타버스 공간에서 아바타·디지털 휴먼·가상스토어를 통해 이루어지는 3D 기반 상호작용형 커머스 환경이다.

영역	주요 형태	대표 사례
가상상품 판매	아바타 의상, NFT 아이템	ZEPETO, Roblox Creator Store
브랜드 마케팅	가상 팝업스토어, 디지털 패션	Gucci Garden, Nike Nikeland
가상경제	P2E(Play to Earn)·DAO 생태계	Axie Infinity, The Sandbox

메타커머스는 단순 소비를 넘어 체험 기반 경제(Experience Economy)로 진화하고 있다. 소비자는 단순 구매자가 아닌 '참여형 경제 주체(Prosumer)'로서 상품의 의미와 가치를 함께 만들어낸다.

Key Concept | 핵심 개념

"가상자산과 NFT는 디지털 콘텐츠를 새로운 경제적 실체로 전환시키는 기술이다."

2.3 Expansion of AI Creative Industry(AI 창작 산업의 확장)

1) 생성형 AI의 부상

ChatGPT, Midjourney, DALL·E, Runway, Suno 등 AI 창작 도구의 등장은 예술·디자인·영상 산업 전반의 패러다임을 변화시켰다. AI는 텍스트, 이미지, 음악, 영상을 자동 생성함으로써 콘텐츠 제작의 효율성과 다양성을 동시에 향상시켰다.

이로써 예술가·기획자·기업은 '창의의 속도(Creativity at Scale)'를 확보할 수 있게 되었다.

2) 산업 구조의 변화

구분	기존 콘텐츠 산업	AI 창작 산업
창작 주체	인간 중심	인간+AI 협업
제작 속도	수작업 기반	자동화·실시간 생성
콘텐츠 형태	고정적·단일매체	다중매체·하이브리드
산업 구조	제작 → 유통 → 소비	실시간 생성 → 사용자 참여형 피드백

AI는 창작과 소비의 경계를 허물며, 사용자가 직접 콘텐츠 생성에 참여하는 "참여형 생성 생태계(Generative Participation Ecology)"를 형성하고 있다.

3) 대표 사례

- **AI 영상제작** : Runway Gen-2, OpenAI Sora - 텍스트 기반 영상 생성
- **AI 음악산업** : Suno.ai, Mubert - 텍스트 기반 음악 작곡
- **AI 디자인** : Adobe Firefly, Canva Magic Studio - 자동 디자인 도구
- **AI 예술** : Refik Anadol, Sougwen Chung - 인간·AI 협업 예술 전시

Key Concept | 핵심 개념

"AI는 예술가를 대체하지 않는다. 예술가의 사고를 확장시켜 창작의 새로운 언어를 제공한다."

4) 미래적 의미

AI 창작 산업은 콘텐츠 제작의 민주화(Democratization of Creation)를 실현한다. 누구나 아이디어만으로 창작이 가능해지며, 산업의 중심이 기술기업에서 개인 크리에이터·AI 협업 생태계로 이동하고 있다. 향후 AI는 디지털 휴먼, 메타버스, 실감형 콘텐츠와 결합해 지능형 예술·문화산업(Intelligent Creative Industry)으로 발전할 것이다.

Key Concept | 핵심 개념

"AI 창작 산업은 인간의 상상력과 알고리즘의 계산이 만나는 새로운 예술경제의 서막이다."

글로벌 콘텐츠 산업은 OTT 스트리밍, NFT 기반 가상경제, AI 창작 기술의 융합을 통해 새로운 디지털 문화 생태계(Digital Cultural Ecosystem)를 형성하고 있다. OTT는 콘텐츠의 소비 방식을, NFT는 콘텐츠의 소유 구조를, AI는 콘텐츠의 생산 방식을 근본적으로 변화시켰다. 이러한 변화는 콘텐츠 산업을 데이터 기반의 참여형 문화경제로 전환시키며, 창작자·소비자·기술이 공존하는 지능형 창의사회(Intelligent Creative Society)의 기반을 마련한다.

3. Digital Ethics and Sustainability(디지털 윤리와 지속가능성)

디지털 기술의 발전은 인간의 삶을 풍요롭게 만들었지만, 동시에 윤리적·사회적 문제를 새롭게 등장시켰다. AI, 빅데이터, 블록체인, 메타버스 등은 콘텐츠 산업의 혁신을 이끌었으나, 저작권 침해, 개인정보 유출, 데이터 편향, 환경 문제 등 기술문명에 따른 책임과 지속가능성(Sustainability)의 문제를 제기하고 있다. 디지털 윤리(Digital Ethics)는 기술의 사용과 창작, 데이터의 생산과 소비 과정에서 인간 중심의 가치와 사회적 책임을 회복하기 위한 새로운 문화적 규범 체계이다.

3.1 Copyright / Deepfake Issues(저작권과 딥페이크 문제)

1) 저작권의 위기

AI가 예술, 음악, 글, 이미지 등을 자동으로 생성하면서 "창작의 주체"에 대한 기존의 정의가 흔들리고 있다. 기존 저작권법은 인간 창작자를 전제로 하지만, AI가 만든 결과물은 법적 보호의 범위가 불명확하다. 또한, AI 모델이 학습하는 과정에서 저작권이 있는 콘텐츠를 무단으로 사용하는 경우가 많아 데이터 저작권(Training Data Copyright) 문제가 대두되고 있다.

구분	기존 창작물	AI 생성물
창작 주체	인간	알고리즘
소유권	명확 (법적 보호)	불명확 (법제 미비)
문제점	복제·표절	데이터 무단 학습, 저작권 침해 가능성

예 2023년, 여러 예술가 단체가 AI 이미지 학습 데이터 저작권 침해 소송 제기 (Stable Diffusion·Midjourney 대상)

Key Concept | 핵심 개념

"AI가 창작한 이미지도 결국 인간의 데이터로부터 태어났다. 그렇다면 저작권의 경계는 어디까지인가?"

2) 딥페이크(Deepfake) 문제

딥페이크는 GAN(Generative Adversarial Network)을 이용해 인물의 얼굴·음성·행동을 사실적으로 합성하는 기술이다. 영화·광고·교육 등 긍정적 활용도 있으나, 허위정보, 명예훼손, 성적 이미지 조작 등 사회적 악용이 문제로 대두된다.

장점	위험
영화 후반작업, 배우 복원, 콘텐츠 보존	허위정보 유포, 초상권 침해, 신뢰 붕괴

특히 정치인·연예인 등 공인뿐 아니라 일반인의 얼굴까지 악용되는 사례가 급증하며, 딥페이크 방지 기술(Deepfake Detection)과 디지털 신뢰성 인증 기술의 중요성이 커지고 있다.

Key Concept | 핵심 개념

"딥페이크의 문제는 기술이 아니라, 그 기술을 사용하는 인간의 윤리적 책임에 있다."

3.2 Data Bias and AI Ethics(데이터 편향과 인공지능 윤리)

1) 데이터 편향(Bias)의 발생

AI는 인간이 만든 데이터를 학습하기 때문에, 데이터 자체의 불균형이 AI의 판단에 편향(bias)을 초래할 수 있다. 인종·성별·지역·언어·경제 수준 등 사회적 불평등이 데이터셋에 반영될 경우, AI는 그것을 '사실'로 학습하여 차별적 결과(discriminative output)를 생성한다.

유형	사례
언어 편향	번역 모델이 성 역할 고정관념을 학습 ("의사는 남성, 간호사는 여성")
이미지 편향	얼굴 인식 시스템이 특정 인종을 더 높은 오류율로 인식
데이터 불균형	서구 중심 데이터 과다 → 아시아·비서구 문화 표현 부족

Key Concept | 핵심 개념

"AI의 편향은 기술이 아니라, 인간 사회의 불균형이 반영된 결과이다."

2) AI 윤리의 원칙

세계 주요 기관(UNESCO, OECD, EU 등)은 AI 개발·운용을 위한 공통된 윤리 원칙을 제시하고 있다.

원칙	내용
투명성(Transparency)	AI의 학습 과정과 알고리즘 구조를 공개
공정성(Fairness)	차별 없는 데이터 구성과 결과 생성
책임성(Accountability)	AI의 의사결정에 대한 인간의 책임 보장
인간 중심(Human-Centricity)	기술보다 인간의 가치와 존엄을 우선
지속가능성(Sustainability)	AI 개발이 환경·사회에 미치는 영향을 고려

AI 윤리의 핵심은 "기계의 자율성보다 인간의 책임을 강화하는 것"이다.
기술의 발전은 반드시 인간의 도덕적 성찰(Ethical Reflection)과 병행되어야 한다.

3.3 Sustainable Digital Cultural Ecosystem(지속가능한 디지털 문화 생태계)

1) 디지털 문화의 지속가능성 개념

지속가능성(Sustainability)은 단순한 환경적 개념을 넘어, 기술·문화·사회가 균형 있게 발전하는 포괄적 가치체계를 의미한다. 디지털 문화 생태계가 지속가능하기 위해서는

① 창작자의 권리 보호,

② 데이터의 공정한 이용,

③ 환경적·사회적 책임이 함께 고려되어야 한다.

Key Concept | 핵심 개념

"디지털 문화의 지속가능성은 기술의 속도가 아니라, 그 속도를 인간의 가치와 조화시키는 능력에 달려 있다."

2) 지속가능한 문화 생태계의 조건

영역	지속가능성의 방향	주요 실천
기술적 측면	친환경 데이터 관리	클라우드 전력 효율화, 서버 탄소 저감
사회적 측면	창작자 권리 보호, 디지털 리터러시 강화	공정한 저작권 정책, 교육 프로그램
문화적 측면	다양성·포용성 확대	로컬 콘텐츠 육성, 문화 불균형 완화
경제적 측면	윤리적 비즈니스 모델	ESG 경영, 공정한 수익 분배 구조

3) 지속가능한 예술·콘텐츠의 방향

예술과 산업이 기술에 종속되지 않고, 인간의 창의력·감수성·공동체적 가치를 유지하는 것이 핵심이다. 디지털 예술·게임·미디어 산업은 환경적 지속가능성과 문화적 다양성을 함께 추구해야 한다.

Key Concept | 핵심 개념

"지속가능한 디지털 문화는 기술의 미래가 아니라, 인간의 윤리적 선택에서 시작된다."

요약(Summary)

디지털 윤리는 기술의 책임 있는 사용과 인간 중심 가치의 복원을 지향한다. AI 창작 시대에는 저작권과 딥페이크 문제가 새로운 사회적 논점을 형성하고 있다. 데이터 편향과 윤리의식 결여는 기술 신뢰성의 위기를 초래하므로, 투명성·공정성·책임성이 필수적이다. 지속가능한 디지털 문화 생태계는 기술·사회·문화의 균형적 발전과 인간 중심의 가치 회복을 통해 가능하다.

AI 시대! 디지털 문화콘텐츠의 이해

AI Era : Understanding Digital Cultural Contents

— 디지털 시대, 미디어·예술·기술의 융합을 탐구하다 —

— Exploring the Convergence of Media, Art, and Technology in the Digital Age —

Epilogue

Epilogue

Era of Digital Humans(디지털 휴먼의 시대)

우리는 지금, 인간과 기술의 경계가 점점 희미해지는 '디지털 휴먼(Digital Human)의 시대' 속에 살고 있다. AI, 메타버스, 블록체인, XR, 그리고 디지털 트윈은 인간의 사고·감각·기억·창조를 데이터로 확장시키며, 기술과 인간이 공존하는 새로운 형태의 문화를 만들어내고 있다.

이 시대의 핵심 질문은 단순히 "기술이 얼마나 발전했는가"가 아니라, "그 기술이 인간에게 어떤 의미를 만들어내는가"이다.

예술과 과학, 가상과 현실, 인간과 AI의 관계는 서로의 대립이 아니라 공존(Coexistence)과 상호 진화(Co-evolution)의 과정이다.

New Art and Humanity Created by AI and Metaverse (AI와 메타버스가 만들어내는 새로운 예술과 인간성)

1) AI 예술의 탄생

AI는 인간의 창의력을 대체하지 않는다. 대신 인간의 사고를 확장시키고, 표현의 언어를 다변화하며, "기계와 인간이 함께 창조하는 예술(Co-creative Art)"을 가능하게 했다. Refik Anadol의 데이터 기반 미디어아트, Sougwen Chung의 로봇 드로잉 퍼포먼스, 한국의 Jaehoo 프로젝트(임상국 교수)의 AI 미디어 예술 실험 등은 AI가 감각의 주체로 작동하는 새로운 예술의 가능성을 보여준다.

AI 예술은 단순히 알고리즘으로 이미지를 생성하는 행위가 아니라, 데이터 속에서 인간의 감정과 의미를 재구성하는 철학적 실천이다.

2) 메타버스 예술과 새로운 존재 경험

메타버스는 현실을 대체하는 공간이 아니라, 현실의 감각과 정체성을 확장하는 제3의 문화공간이다. 그 안에서 인간은 아바타를 통해 또 다른 자아로서 존재하며, 공간·시간의 제약 없이 상호작용과 공동 창작을 수행한다. 예술은 이제 캔버스가 아닌 가상공간과 데이터 네트워크 위에서 구현된다. AI와 메타버스는 예술가에게 "보이지 않는 것을 시각화하고, 불가능한 것을 체험하게 하는" 확장된 감성의 도구(Extended Sensory Medium)로 작용한다.

Key Concept | 핵심 개념

"AI가 창조하는 것은 이미지가 아니라, 인간이 기술을 통해 스스로를 다시 바라보는 거울이다."

Coexistence of Technology and Culture(기술과 문화의 공존)

1) 기술과 문화의 상호 진화

기술은 인간의 감각을 확장시키고, 문화는 그 감각에 의미를 부여한다. 즉, 기술은 도구(tool)가 아니라 언어(language)이며, 문화는 그 언어를 통해 인간의 정체성을 표현한다. 인쇄술은 근대적 사고를, 사진과 영화는 시각예술의 근대성을, 인터넷은 정보사회를, AI와 메타버스는 지능문화시대(Intelligent Culture Era)를 탄생시켰다. 이제 인간은 기술을 "이용하는 존재"가 아니라, 기술과 함께 존재하는 존재로 변화하고 있다.

2) 디지털 휴머니즘(Digital Humanism)

디지털 휴머니즘은 기술 중심 사고에서 벗어나, "인간의 가치, 존엄, 창의성을 기술 안에 통합시키려는 철학적 태도"이다. 기술이 인간을 지배하지 않고, 인간이 기술을 통해 새로운 윤리·미학·공동체적 관계를 만들어가는 것을 의미한다.

구분	기술 중심 관점	디지털 휴머니즘
목표	효율, 속도, 자동화	의미, 가치, 관계
중심 주체	기계, 데이터	인간, 감성, 창의성
결과	생산성 향상	인간성의 확장

Key Concept | 핵심 개념

"기술의 진보보다 중요한 것은, 그 기술이 인간답게 사용될 수 있는가이다."

Digital Literacy for the Next Generation (차세대를 위한 디지털 리터러시)

1) 디지털 리터러시의 개념

디지털 리터러시(Digital Literacy)는 단순히 기술을 '활용하는 능력'이 아니라, 정보를 비판적으로 이해하고, 기술을 윤리적·창의적으로 사용하는 문화적 역량을 말한다. AI 시대의 리터러시는 '기계에 명령하는 능력'이 아니라, 기계와 함께 사고하고, 책임 있게 기술을 사용하는 능력이다.

구분	전통적 리터러시	디지털 리터러시
대상	문자, 텍스트 중심	데이터, 알고리즘 중심
역량	읽기·쓰기 능력	분석, 평가, 창의적 생산 능력
가치	정보 이해	정보의 비판적 해석과 재창조

2) 미래 세대의 교육 방향

창의력(Creativity), 윤리(Ethics), 공감(Empathy), 협업(Collaboration)은 AI 시대의 핵심 역량이다. 학교와 사회는 단순한 기술교육을 넘어, '기술을 통한 인문학적 사고', 즉 디지털 휴머니즘 교육을 강화해야 한다.

Key Concept | 핵심 개념

"기술을 배우는 시대에서, 기술과 함께 살아가는 시대로 전환되어야 한다."

3) 문화예술교육의 확장

예술은 디지털 리터러시의 핵심 훈련장이 될 수 있다. 학생들은 AI 도구를 활용해 창의적 스토리텔링, 이미지 생성, 가상공간 설계를 배우며 기술의 가능성과 한계를 스스로 체험한다.

이는 미래 인재가 '감성과 기술을 통합적으로 사고하는 능력'을 기르는 데 기여한다.

Conclusion | 결론

AI와 메타버스는 단순한 기술혁명이 아니라, 인류가 새로운 예술과 인간성을 창조하는 진화의 과정이다. 이 시대의 예술은 인간의 감정과 데이터의 논리가 공존하며, 문화는 기술을 통해 새로운 윤리와 미학의 언어를 얻고 있다. 디지털 휴먼의 시대는 결국 인간의 손이 아닌, 인간의 사유(thought)와 상상(imagination)으로 구축되는 시대이다.

Key Concept | 핵심 개념

"기술은 인간을 대체하지 않는다. 기술은 인간을 확장한다."
"AI와 함께 예술하는 인간, 그것이 미래의 휴먼리스트(Humanist)이다."

요약(Summary)

디지털 휴먼 시대는 AI와 메타버스가 결합된 새로운 예술·문화·인문환경을 의미한다. 기술은 인간의 창의성과 감성을 확장시키며, 디지털 휴머니즘은 그 조화의 철학적 기반이다. 차세대를 위한 디지털 리터러시 교육은 기술을 '비판적·창의적·윤리적'으로 활용할 수 있는 인간 중심의 역량을 강화해야 한다. 예술과 과학, 기술과 문화의 융합은 지속가능한 인간 중심 문명의 새로운 비전을 제시한다.

AI 시대! 디지털 문화콘텐츠의 이해

AI Era : Understanding Digital Cultural Contents

— 디지털 시대, 미디어·예술·기술의 융합을 탐구하다 —

— Exploring the Convergence of Media, Art, and Technology in the Digital Age —

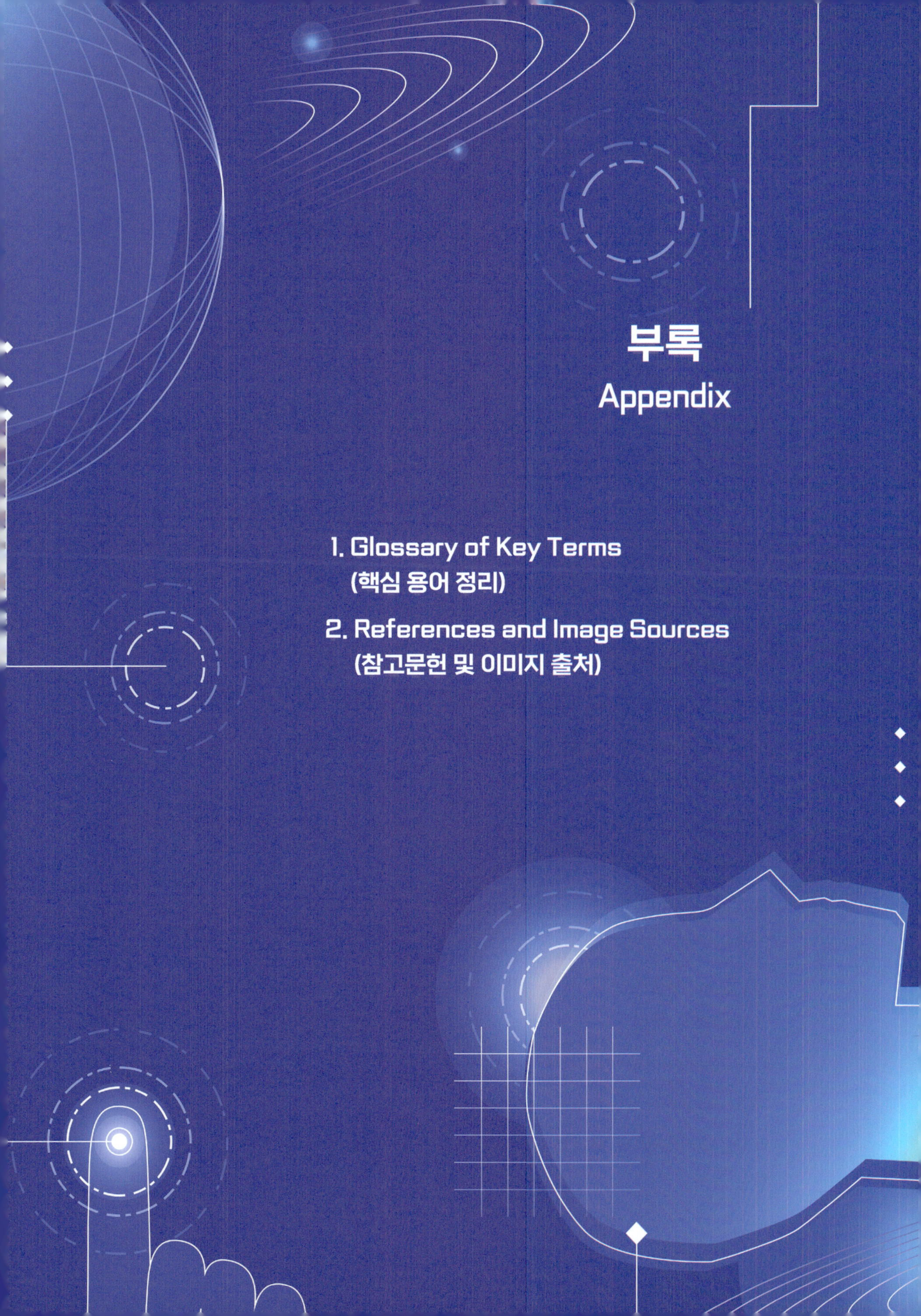

부록
Appendix

1. Glossary of Key Terms
   (핵심 용어 정리)
2. References and Image Sources
   (참고문헌 및 이미지 출처)

부록
Appendix

1. Glossary of Key Terms(핵심 용어 정리)

용어 | 영문 | 정의

- **메타버스**/Metaverse : 현실과 가상이 융합된 디지털 세계로, 사용자가 아바타로서 사회적·경제적 활동을 수행하는 공간
- **디지털 휴먼**/Digital Human : 인공지능·3D 그래픽·음성합성 기술로 구현된 가상의 인간형 캐릭터
- **생성형** AI/Generative AI : 주어진 데이터를 기반으로 이미지·음악·텍스트 등 새로운 콘텐츠를 창조하는 인공지능
- **딥페이크**/Deepfake : GAN 기술을 이용해 인물의 얼굴·음성·행동을 합성하는 영상 기술
- **디지털 트윈**/Digital Twin : 현실의 사물·공간·시스템을 가상공간에 복제하여 실시간으로 연동시키는 기술
- NFT/Non-Fungible Token : 블록체인 기술을 기반으로 디지털 자산의 고유한 소유권을 보장하는 토큰
- **프롬프트 엔지니어링**/Prompt Engineering : AI 모델이 최적의 결과를 생성하도록 입력 명령문을 설계하는 기술
- XR/Extended Reality : VR, AR, MR을 포함하는 확장현실 기술로, 현실과 가상이 융합된 체험 환경
- AI **윤리**/AI Ethics : 인공지능의 설계·학습·활용 과정에서 인간의 가치, 책임, 공정성을 보장하는 윤리 체계
- **디지털 리터러시**/Digital Literacy : 기술을 비판적·창의적·윤리적으로 이해하고 활용하는 능력

Key Concept | 핵심 개념

이 용어집은 교재 전반에서 반복적으로 등장하는 핵심 개념을 학습자가 쉽게 참조할 수 있도록 정리한 것이다.

2. References and Image Sources(참고문헌 및 이미지 출처)

■ References(참고문헌)

Anderson, C. (2012). The Makers : The New Industrial Revolution. New York : Crown Business.

Anadol, R. (2022). Machine Hallucination : Data Sculptures and AI Aesthetics. MoMA Archive.

Baudrillard, J. (1983). Simulacra and Simulation. Paris : Éditions Galilée.

Benjamin, W. (1936). The Work of Art in the Age of Mechanical Reproduction.

Friedberg, A. (2006). The Virtual Window : From Alberti to Microsoft. Cambridge : MIT Press.

Goodfellow, I. et al. (2014). Generative Adversarial Nets. NIPS Proceedings.

Manovich, L. (2013). Software Takes Command. Bloomsbury.

OECD (2022). AI Principles : Human-Centered Approach to Trustworthy AI.

UNESCO (2021). Ethics of Artificial Intelligence Report.

임상국 외 (2022). 『메타버스의 세계』. 교우.

임상국 외 (2021). 『유니티를 활용한 메타버스 교과서』. 한빛아카데미.

■ Image & Diagram Sources(이미지 및 도식 출처)

Figures generated by AI (ChatGPT+DALL·E, 2025 edition)

Unity, Unreal Engine, Adobe Firefly reference materials

Freepik, Pexels, and Unsplash open-source visual materials

All diagrams are educationally redrawn for non-commercial teaching use

AI시대! 디지털 문화콘텐츠의 이해

초판발행 2026년 2월 26일

지은이 임상국
펴낸이 오판근
펴낸곳 (주)교우
주 소 서울시 동대문구 약령시로 8 교우빌딩 2층 (주)교우
전 화 02-925-2861/ **팩 스** 02-925-2860, **편집부** 02-925-2825
홈페이지&북스토어 www.kyowoo.co.kr / **이메일** kyowoo@kyowoo.co.kr
등 록 1994년 3월 24일 제1994-000013호
ISBN 979-11-251-0482-7 (03680)

(주)교우는 보다 혁신적이고 참신한 도서를 다양하게 기획하고 있습니다.
책으로 펴내고자 하는 아이디어나 원고는 메일로 보내주세요.
(주)교우는 전과정을 책임지고 최선을 다하겠습니다.

값 22,000원

교우미디어는 (주)교우의 Imprint사입니다.
수학정원 · 과학정원은 (주)교우의 새로운 브랜드명입니다.

잘못된 책은 구입하신 서점에서 교환해 드립니다.